中青年经济学家文库

辽宁省教育厅高等学校基本科研项目"发展智慧金融监管，建立智慧金融生态 —以辽宁省为例"研究成果

辽东学院校级科研基金人文社科研究项目"辽宁省智慧金融监管实施障碍与对策研究"研究成果

中国金融监管模式效率数字化研究

——基于模糊层次综合评价分析法

郜 莹 著

中国财经出版传媒集团

经济科学出版社
Economic Science Press

·北京·

图书在版编目（CIP）数据

中国金融监管模式效率数字化研究：基于模糊层次
综合评价分析法/郜莹著. ––北京：经济科学出版社，
2024.5

（中青年经济学家文库）

ISBN 978 – 7 – 5218 – 5917 – 1

Ⅰ.①中…　Ⅱ.①郜…　Ⅲ.①金融监管 – 数字化 – 研
究 – 中国　Ⅳ.①F832.1 – 39

中国国家版本馆 CIP 数据核字（2024）第 102745 号

责任编辑：李　雪　袁　溦
责任校对：王苗苗
责任印制：邱　天

中国金融监管模式效率数字化研究
——基于模糊层次综合评价分析法
郜　莹　著
经济科学出版社出版、发行　新华书店经销
社址：北京市海淀区阜成路甲 28 号　邮编：100142
总编部电话：010 – 88191217　发行部电话：010 – 88191522
网址：www. esp. com. cn
电子邮箱：esp@ esp. com. cn
天猫网店：经济科学出版社旗舰店
网址：http：//jjkxcbs. tmall. com
固安华明印业有限公司印装
710×1000　16 开　12.25 印张　151000 字
2024 年 5 月第 1 版　2024 年 5 月第 1 次印刷
ISBN 978 – 7 – 5218 – 5917 – 1　定价：61.00 元
（图书出现印装问题，本社负责调换。电话：010 – 88191545）
（版权所有　侵权必究　打击盗版　举报热线：010 – 88191661
QQ：2242791300　营销中心电话：010 – 88191537
电子邮箱：dbts@ esp. com. cn）

序　言

时光荏苒，岁月如梭，从郜莹同学 2009 年考入辽宁大学时至今年，已经有九年的时光，她在职完成学业，非常努力，也非常不容易，这本书是以她博士毕业毕业论文为基础写作而成，中间凝聚了其在这个领域多年的钻研成果与心得，希望此次出版能将研究成果与大家分享，也感谢编辑老师们的辛苦付出，为本书的出版助力，欢迎大家多提宝贵意见，和她共同成长共同进步。

金融监管是金融领域专业性非常强的一个课题，本书的研究结合了金融学、制度经济学、国际金融学、博弈论、模糊数学等各学科知识，是各学科知识的深度融合与升华，具有较强的理论意义。本书题为"中国金融监管模式效率数字化研究——基于模糊层次综合评价分析法"，主要内容是运用数学方法——模糊层次综合评价分析法，对中国不同历史时期的金融监管模式效率展开研究，并结合其他国家采用的金融监管模式，提出有助于中国金融监管模式改革或改良的意见建议。其研究过程是使用客观的数学方法研究主观的评判问题，得到多位教师和金融业专业人士的帮助获取调研与评价的数据材料，感谢大家对她的帮助和支持！

本书的写作视角是运用数学方法对代表金融监管效率的指标完成程度进行主观评价，这一视角比较独特，也是本书的的创新点之一，如果以后有机会也有时间，可以尝试从其他角度对该问题的研究进行更深层次更多维度的拓展和深化，欢迎各位同仁共同探讨共同完善，为我国金融事业的全面、健康、顺利发展贡献力量！

2024 年 5 月

前　　言

近年来，伴随着互联网科技、金融科技、计算机技术和金融创新的快速发展，金融业发展非常迅速，对金融监管也提出了更高的要求。一国的金融监管模式应适应经济金融发展的需要，对一国（地区）的经济金融来说，金融监管就像是一柄"双刃剑"，适合的金融监管模式会促进经济金融的发展，对经济金融发展具有正效应；相反，不适合的金融监管模式会阻碍经济金融的发展，对经济金融发展具有负效应。如何在复杂的金融环境中发现并采用适合中国金融发展现状的金融监管模式或将现有金融监管模式进一步改良，提高金融监管效率，达成金融监管目标，是当前金融监管研究的当务之急。本书针对这一问题，运用模糊层次综合评价分析法对中国不同历史时期的金融监管模式效率展开研究，并结合其他国家采用的金融监管模式，提出有助于中国金融监管模式改革或改良的意见建议。

本书共分为七章。第 1 章，绪论，主要包括研究背景与意义、研究内容与方法、主要创新点与不足之处。第 2 章，理论基础与文献综述。第 3 章，我国金融监管模式的发展历程与主要问题，首先介绍中国金融监管模式发展的四个阶段：第一阶段，计划经济时期（1948～1978 年）；第二阶段，中国人民银行统一监管时期（ 1978～

1992年）；第三阶段，分业监管时期（1993~2016年）；第四阶段，双峰监管时期（2017年末至今）。然后分析了中国当前金融监管的现状，包括央行主导金融业发展和稳定方针、"权力分离"——金融监管模式改革的核心、转向混业监管和功能监管、证监会保证交易平台的公开透明、混业经营混业监管是金融监管的未来发展方向五个方面，并提出中国当前金融监管存在的问题：监管主体缺位问题严重，金融监管内容和范围需完善，金融监管法律法规体系不健全，原分业监管模式阻碍了金融创新的发展，缺少对外资金融机构的全面有效监管，金融监管目标不够明确，金融监管资源不足，监管的成本效益不匹配。第4章，典型国家和地区的金融监管模式与评析，介绍了英国、美国、德国、日本、澳大利亚、中国香港采用的金融监管模式，并提出当前金融监管模式的发展趋势：从分业监管向混业监管转变，从机构性监管向功能性监管转变，从单项监管向全面监管转变，从封闭性监管向开放性监管转变。第5章，不同时期监管模式下的金融监管效率实证分析，对中国各历史时期采用的金融监管模式——统一监管模式、分业监管模式、双峰监管模式——的金融监管效率进行实证分析。第6章，我国金融监管模式效率综评，在之前论证的基础上对中国金融监管模式效率问题进行综合分析。第7章，进一步提升中国金融监管效率的对策建议与未来展望，在实证分析的基础上提出提高中国金融监管模式效率的意见：建立明确完善的监管目标体系，监管机构要具备法定强制力、权威性与相对独立性；加强信息资源共享系统和现代化支付系统的基础设施建设；引入公众监督制度，建立独立审计与内部审计相结合的金融监督体系；提高监管人员综合素质，加强金融监管人力资源建设；监管机构的价值取向要适应新建立的金融生态环境；建立激励机制促进金融监管良性发展；建立退出机制保证金融监管有效实施；加强金融监管的国际合作，并展望中国金融监管模式未来的发展方向，包括坚持中央统筹管理地方配合行动的监管理念，设计协调机制做好深度全面沟通工作，建立金融消费者委员会切实保障金融消费者权益，适应金融创新建立金融科技监管体系。

本书在写作过程中查阅了大量关于金融监管的文献，结合中国金融监管发展现状对中国金融监管模式进行了系统的分析并提出建议。总体来看，本书的创新之处主要在于以下三个方面：一是研究视角的转换。对金融监管效率问题的研究有很多视角，常用的有成本收益角度、博弈论角度等，本书的研究视角是将金融监管效率问题转化为金融监管目标完成程度分析，将金融监管效率的衡量转化为金融监管三大目标——金融安全、金融风险预防与金融效率的实现程度。二是引入数学方法——模糊层次综合评价分析法。采用模糊层次综合评价分析法将对金融监管效率的研究转化为对金融监管目标完成程度的研究，运用数学中的模糊数学的理念和方法来研究金融监管效率问题，据此为中国金融监管改革的方向提出意见建议并预测未来发展趋势。三是研究采用了纵向历史和横向对比相结合分析法。通过采用历史分析的方法，以金融监管模式演变过程的历史纵深为研究问题的起点，分析比较中国不同历史时期不同金融监管模式下金融监管目标的实现状况；同时，采用横向对比分析法，通过分析世界各国采用的不同金融监管模式，横向对比不同国家采用不同类型的金融监管模式的发展历程并进行评价。将纵向历史分析和横向对比分析二者相结合，分析出适合中国当前的金融发展现状的高效率的金融监管模式，并预测未来中国金融监管模式的发展趋势。

由于本人理论水平所限，本书存在一些不足之处。一是本书采用的模糊层次综合评价分析法主要是以主观评述为研究数据，这和客观数据不同，具有一定的主观性，因此多采用较权威的专家和专业人士意见来保证调研和问卷调查的有效性。二是金融监管问题是一个专业性较强的问题，在调研过程中存在大量的不可用调研结果，给论证过程增加了难度，希望这些问题能在以后的研究中得到进一步的完善。

郜 莹

2024 年 5 月

目　　录

第1章

绪　　论

1.1
研究背景与意义

1.1.1　研究背景

　　金融，顾名思义，是指资金的融通，是现代经济生活中必不可少的环节，也是保障经济稳定向前发展的不可或缺的要素，处于整个经济生活中的核心地位。金融可以细分为银行、证券、保险、信托、基金等常见的业务种类。历史上金融危机发生过多次，每次都对一国（地区）或全世界的经济产生巨大影响，金融行业强烈的内部效应等因素使金融危机本身具有与生俱来的传染性和系统性，其危害程度和范围非常深远，会引起一国（地区）的经济滑坡、生产停滞、失业率上升、生活水平下降等各种社会问题。因此，如何使金融业平稳高效运行以保障社会经济的正常发展成为各国政府首先关注的问题。2007 年的次贷危机引发的世界范围的金融危机更引起了各国政府对金融监管的极大关注。

2019 年《政府工作报告》中提出稳金融，而金融稳定的实现离不开金融监管的助力。回顾金融业的历史发展，改革开放 40 多年以来，我国金融监管模式发生了巨大变化，经历了从统一监管到分业监管到双峰监管的演变过程。2019 年末我国开始在中国人民银行的指导下建立监管沙箱，在北京首先启动金融科技监管试点。2021 年是我国金融科技领域实施《金融科技发展规划（2019—2021 年）》具有历史意义的收官之年，至 2021 年 9 月已有 16 个省份加入监管沙箱体系，历时三年的审慎型金融科技监管体系基本形成。新的金融监管模式正在不断和新的金融发展形势相磨合，无论以何种形式，金融监管始终在金融安全与金融效率之间寻求一个平衡点，在不同的历史时期和不同的发展阶段，应采用适合经济金融发展的不同的金融监管模式。传统的金融监管模式已经不适应金融创新形式多样的混业经营的金融市场，监管真空、重复监管和监管竞争等问题层出不穷，金融系统性风险开始显现。而金融体制的转换和金融监管模式的变迁也使整个金融系统增加了很多整合风险，新的金融创新势必意味着新的监管模式。因此，本书对我国不同历史时期的金融监管模式效率进行实证分析，将金融监管效率问题运用数学方法转化为数字表示的金融监管目标的实现程度问题，同时借鉴各国不同金融环境下的金融监管模式，对我国新形势下的金融监管模式提出意见建议。

1.1.2 研究意义

本书主要针对我国金融监管效率问题开展研究，研究的是金融领域的课题，在阐述监管机构与被监管机构之间关系时采用的是博弈论的经济理念，在研究我国金融监管模式的历史发展时涉及制度经济学的知识范畴，借鉴其他国家采用的金融监管模式时偏向于国际金融监管知识范畴，使用的模糊层次综合评价方法是将模糊数学的知识范畴运用于解决金融课题，将该数学方法应用于金融领域，既是本书的难点，也是本书的创新点所在。因此，本书的研究结合了金融学、制度经济学、国际金融学、博弈论、模糊数学等各学科知识，是各学科知识的深度融合与进一步升华，具有较强的理论意义。

同时，我国金融领域的发展非常迅速，互联网金融、科技金融、普惠金融、绿色金融等新的金融理念对我国当前的金融业的发展产生巨大冲击，这些新的金融热点对金融业的发展来说既是历史难得的机遇，同时也对金融监管提出了新的要求、新的挑战。比如，互联网计算机技术在金融领域的应用、移动金融广泛深入地进入普通民众的日常生活等，这些都产生了很多新的风险，很多以前没有出现过、没有遇到过的问题现在可能成为金融进一步发展的瓶颈，成为经济金融发展的隐患。面对如此复杂的经济金融形势，传统的金融监管模式已经难以适应，那么在新的历史时期我国应采用什么样的金融监管模式，或者说现有的金融监管模式中需要进行哪些方面的改进才能够适应当前的监管需要，以什么样的组织形式能够更容易为中国金融监管当局和监管金融机构所接受，哪些方面的金融监管法律法规需要进一步的完善，这些都是当下正在被积极探讨、深入研究的问题，也是当前我国金融监管领域所面临的重大课题。本书以我国金融监管模式效率为研究课题，将我国不同历史时期的金融监管效率问题转化为金融监管目标的实现问题并建立数字化模型，同时借鉴世界上其他国家所采用的金融监管模式进行分析，这对我国提高金融监管效率，找到适合我国当前金融发展形势的金融监管模式和金融监管发展路径以及未来经济的发展都具有重要的现实意义。

1.2

研究内容与方法

1.2.1 研究内容与研究框架

本书共分为七章。第 1 章，绪论，主要包括研究背景与意义、研究内容与方法、主要创新点与不足之处。第 2 章，理论基础与文献综述。第 3 章，我国金融监管模式的发展历程与主要问题，首先介绍我国金融监管模式发展的四个阶段：第一阶段，计划经济时期（1948～1978 年）；第二阶段，中国人民银行统一监管时期（1978～1992 年）；第三阶段，分业监管时期（1993～2016 年）；第四阶段，双峰监管时期（2017 年末至今）。然后分析了我国当前金融监管的现状，包括央行主导金融业发展和稳定方针、"权力分离"——金融监管模式改革的核心、转向混业监管和功能监管、证监会保证交易平台的公开透明、混业经营混业监管是金融监管未来发展方向五个方面，并提出我国当前金融监管存在的问题：监管主体缺位问题严重，金融监管内容和范围需完善，金融监管法律法规体系不健全，原分业监管模式遏制了金融创新的发展，缺乏对外资金融机构的有效监管，金融监管目标不够明确，金融监管资源不足，监管的成本效益不匹配。第 4 章，典型国家和地区的金融监管模式与评析，介绍了英国、美国、德国、日本、澳大利亚、中国香港采用的金融监管模式，并提出当前金融监管模式的发展趋势：从分业监管向混业监管转变，从机构性监管向功能性监管转变，从单项监管向全面监管转变，从封闭性监管向开放性监管转变。第 5 章，不同时期监管模式下的金融监管效率实证分析，运用模糊层次综合评价分析法对我国各历史时期采用的金融监管模式效率进行数字化实证分析。第 6 章，我国金融监管模式效率综评，在之前论证的基础上对我国金融监管模式效率问题进行综合分析。第 7 章针对如何提高我国金融监管模式的金融监管效率提出改革意见：建立明确完善的监管目标体系；监管机构要具备法定强制力、权威性与相对独立性；加强信息资源共享系统和现代化支付系统的基础设施建设；引入公众监督制度，建立独立审计与内部审计相结合的金融监督体系；提高监管人员综合素质，加强金融监管人力资源建设；监管机构的价值取向要适应新建立的金融生态环境；建立激励机制促进金融监管良性发展；建立退出机制保证金融监管有效实施；加强金融监管的国际合作，并展望我国金融监管模式改革未来的发展方向。本书的研究框架如图 1 - 1 所示。

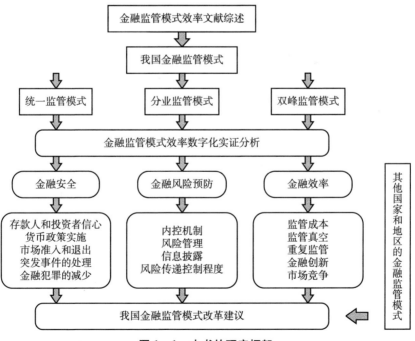

图 1 - 1　本书的研究框架

1.2.2　研究方法

本书以模糊层次综合评价分析法为基础，构建金融监管目标实现程度体系来衡量金融监管效率，结合国内外金融监管实践经验，将监管理论与监管实际相结合，在深入调研的基础上，提出提高我国金融监管模式下金融监管效率的政策建议。具体研究方法包括：专家征询法、文献研究法、纵向历史和横向对比相结合分析法、跨学科模型构建法。

1.2.2.1　专家征询法

本书研究中，作者向金融领域的专家学者、金融业的资深从业人员、金融学及相关专业的博士硕士研究生和本专科生发出问卷调查，并尽可能进行面对面的访谈，采用专家征询法对金融监管效率问题——金融监管目标的实现程度问题进行深度探讨。根据专家学者的反馈对我国统一监管时期、分业监管时期和双峰监管时期的金融监管效率指标进行打分，这些指标包括金融安全、金融风险预防、金融效率三个一级指标，其中金融安全指标由存款人和投资者信心、货币政策实施、市场准入和退出、突发事件的处理和金融犯罪的减少组成，金融风险预防指标由内控机制、风险管理、信息披露、风险传递控制程度组成，金融效率指标由监管成本、监管真空、重复监管、金融创新、市场竞争组成。非常重要赋分9，比较重要赋分7，重要赋分5，比较不重要赋分3，非常不重要赋分1，且对不同指标不可重复相同赋分。

1.2.2.2 文献研究法

文献研究法是通过运用图书馆检索、互联网搜索引擎等方式，查阅包括国家政策、法律法规、学术期刊、科研报告、文书档案等各种形式的文献在内的资料，来准确、全面、深入地获得研究的相关资料并对其进行重新整理归纳，总结出该研究所需要知识体系，形成新的研究视角以陈述、分析、解决问题的一种研究方法。本书利用该方法了解金融监管模式效率问题的国内外研究现状，形成关于该问题的一般了解，为研究打下基础，更为全面地了解该问题的研究程度，在巨人的肩膀上看待问题、解决问题。

1.2.2.3 纵向历史和横向对比相结合分析法

通过采用历史分析的方法，以中华人民共和国成立以来金融监管模式的演变过程的历史纵深为研究问题的起点，分析比较我国不同历史时期不同金融监管模式下金融监管目标的实现状况，选择符合我国金融业实际情况和金融监管发展规律的金融监管模式，并依据研究结果指出未来我国金融监管模式的发展方向。同时采用横向对比分析法，通过分析世界各国采用的不同金融监管模式，横向对比分析各种不同类型的金融监管模式在不同的社会环境下的运用以及利弊分析。将纵向历史分析和横向对比分析二者相结合，分析出适合我国当前的金融发展现状的高效率的金融监管模式。

1.2.2.4 跨学科模型构建法

随着数字技术的发展，数据处理与建模能力成为基本的专业能力。本书采用模糊数学中的模糊层次综合评价分析法，从理论上综合运用涉及金融学、模糊数学、制度经济学、数理统计学、行政管理学等多学科的最新成果和方法，构建金融安全、金融风险预防、金融效率三大指标体系的完成度分析模型来衡量金融监管效率。

1.3

主要创新点与不足之处

1.3.1 主要创新点

本书在写作过程中查阅了大量关于金融监管的文献，结合我国金融监管发展现状对我国金融监管模式改革进行了系统的分析并提出建议。总体来看，本书的创新之处主要在于以下三个方面：

一是研究视角的转换。对金融监管效率问题的研究有很多视角，常用的有成本收益角度、博弈论角度等，本书的研究视角是将金融监管效率问题转化为金融监管目标完成程度分析，将金融监管效率的衡量转化为金融监管三大目标——金融安全、金融风险预防与金融效率的实现程度。

二是引入模糊层次综合评价分析法。采用模糊层次综合评价分析法将对金融监管效率的研究转化为对金融监管目标完成程度的研究，运用数学中的模糊数学的理念和方法研究金融监管效率问题，据此为我国金融监管改革的方向提出意见建议，并预测未来发展趋势。

三是采用纵向历史和横向对比相结合分析法。通过采用历史分析的方法，以金融监管模式的演变过程的历史纵深为研究问题的起点，分析比较我国不同历史时期不同金融监管模式下金融监管目标的实现状况；同时，采用横向对比分析法，通过分析世界各国采用的不同金融监管模式，横向对比不同国家采用不同类型的金融监管模式的发展历程并进行评价，将纵向历史分析和横向对比分析二者相结合，分析出适合我国当前金融发展现状的高效率的金融监管模式，并预测未来我国金融监管模式的发展趋势。

1.3.2　不足之处

由于本人理论水平所限，本书存在着一些不足之处。一是本书采用模糊层次综合评价分析法进行研究，主要是以主观评述为研究数据，这和客观数据不同，具有一定的主观性，因此多采用较权威的专家和专业人士意见来保证调研和问卷调查的有效性。二是涉及金融监管领域的调查内容与反馈往往是保密的，专家与专业人士的意见并不容易获得，缺少大量数据分析支撑，难以对我国监管模式效率问题进行深入彻底的分析，进而有的放矢地对金融监管模式改革提出有针对性的意见建议，这些问题希望能在以后的学习、工作中进一步予以完善。

第 2 章

理论基础与文献综述

2.1

理 论 基 础

本书运用模糊层次综合评价分析法对金融监管模式的效率问题进行分析研究，其理论基础分别从模糊层次综合评价分析法、金融监管、金融监管模式、金融监管效率四个方面进行介绍。

2.1.1 模糊层次综合评价分析法

模糊层次综合评价分析法（FAHP）是结合了模糊综合评级法（Fuzzy Comprehensive Evaluation，FCE）和层次分析法（Analytic Hierarchy Process，AHP）两种分析方法的理念与方法的数学分析方法，通常的操作方法是，首先使用层次分析法确定模型涉及的因素集，并将所有因素按照一定的逻辑规则或研究目的建立层次结构，进行层次分析（按照逻辑关系，通常有因目标层、准则层、因素层三个层次结构）；然后，运用模糊综合评级法通过主观赋值判定其实施效果。模糊综合评级法的理论基础是模糊数学的隶属度理论，在该理论的基础之上进行定性分析与定量分析的转化，也就能够对一些不容易使用具体数据指标衡量或没有具体数据可以参考但影响因素又比较多的研究标的使用主观综合评价的方法进行分析。在建模时通常有两个层次结构：目标层和因素层，在每一层中有多个因素，综合考量多种因素形成较为客观的总体评价，将定性分析转化为定量分析，逻辑清晰、目标明确、论证系统、结果显著，有效解决一些指标难以量化的问题。其中，层次分析法美国运筹学专家萨蒂（T. L. Satty）于 1973 年提出。层次分析法是指，将研究标的问题的解决方案视为一个由多因素决定的整体，将研究标的分解为多个子目标或多条准则，或进一步分解为多个具体指标或多条准则，形成多个层次，通过模糊数学方法的使用计算每个指标的权重并排序，以此为依据形成对多个解决方案的选优或对目标完成程度排序的数学方法。层次分析法具有思路清晰、关系明确、整体性强、适用性广的特点。模糊层次综合评价分析法将两种数学方法进行有机结合，在使用中通常将因素之间进行两两比较，量化各因素之间的重要程度或完成程度，进而得到判断矩阵，在研究领域中常用于系统评价、目标完成度评价、效能评估、方案择优等多种情况。但是这种方法也受以上两种方法的限制，具有相似的不足之处：判断矩阵的一致性检验标准要求 $CR < 0.1$，标准本身的合理性有待商榷，缺乏科学依据，置信度在很大程度上需要依靠实施调研的人员以严谨的治学态度从主观上进行把握，还受到调研客观条件的限制，容易影响调查结果乃至整体研究的结果。

模糊层次综合评价分析法的计算过程通常需要六步。

第一步，建立因素集，也称为贡献评价指标集，在本书中也就是影响金融监管效率的各种基础因素指标所构成的集合。对于影响金融监管效率的 n 个因素，因素集 U 可以表述为：

$$U = \{u_1, u_2, u_3, \cdots, u_n\}$$

第二步，建立评语备择集。在本书中评语备择集是对金融监管效率问题进行的语言描述，用以发放调查问卷时答卷人对各评价指标进行选择。假设评语备择集用 V 来进行表示，则可以表述为：

$$V = \{v_1, v_2, v_3, \cdots, v_m\}$$

第三步，建立因素评价矩阵 R。对因素集 U 中的第 i 个因素 u_i 进行评价，假设该因素对评语备择集中的第 j 个元素的隶属度为 r_{ij}，则根据模糊综合评价法，第 i 个因素 u_i 评价的结果可以使用模糊集合 R_i 来表示，称为单因素评价集，可以表示为：

$$R_i = \{r_{i1}, r_{i2}, r_{i3}, \cdots, r_{im}\}, \ i = 1, 2, 3, \cdots, n$$

将各单因素评价级的隶属度以行向量表示，可以得到因素评价矩阵 R：$R = (r_{ij})_{n \times m}$，其中隶属度 r_{ij} 的取值是使用问卷调查进行专家评价得到的。

第四步，建立评价指标全数集 W。对各个因素 $u_i (i = 1, 2, 3, \cdots, n)$ 赋予相应权数 $w_i (i = 1, 2, 3, \cdots, n)$。因此，金融监管效率评价指标的权数集为：$W = (w_1, w_2, w_3, \cdots, w_n)$，权数值由 FAHP 模型中所提供的数据计算得到。

第五步，建立综合评价矩阵 B。基于指标权数集和因素评价矩阵，可以得到模糊综合评价矩阵：$B = W \cdot R$。综合评价矩阵 B 给出了各个评价指标的评价结果，该种方法不仅涵盖了研究标的的所有影响因素，而且保存了每个因素评价的全部信息。

第六步，确定目标层贡献指数 RI。金融监管效率的整体评价，由目标层贡献指数给出。目标层贡献指数 RI 可以表示为评价备择集 V 与相应隶属度 B 的序偶，即 $RI = V/B = (v_1, v_2, v_3, \cdots, v_m)/(b_1, b_2, b_3, \cdots, b_m)$。

在本书中，笔者采用模糊层次综合评价分析法来进行评价，将金融监管效率问题简化为对金融监管目标的实现程度问题，主要由两部分构成：第一部分是运用模糊综合评价法确定金融监管效率评价体系的一二级指标的指标值；第二部分是使用 AHP 模型，运用层次分析法确定本模型的层次结构，计算各级指标的权重并排序。

首先，依照层次分析法的思路，金融监管目标由金融安全（A_1）、金融风险预防（A_2）、金融效率（A_3）这三个目标组成，金融安全（A_1）目标由存款人和投资者信心（B_1）、货币政策实施（B_2）、市场准入和退出（B_3）、突发事件的处理（B_4）和金融犯罪的减少（B_5）组成，金融风险预防（A_2）目标由内控机制（B_6）、风险管理（B_7）、信息披露（B_8）、风险传递控制程度（B_9）组成，金融效率（A_3）目标由监管成本（B_{10}）、监管真空（B_{11}）、重复监管（B_{12}）、金融创新（B_{13}）、市场竞争（B_{14}）组成，这样使用层次分析法将金融监管目标分类，目标就非常简单明了。

其次，根据模糊综合评价的思路，第一步是确定评价的对象——我国当前金融监管模式的金融监管效率的因素集 $U = \{A_1, A_2, A_3\}$，再将因素集 U 划分为三个子因素集，初步建立模糊层次模型，如下：$A_1 = \{B_1, B_2, B_3, B_4, B_5\}$，$A_2 = \{B_6, B_7, B_8, B_9\}$，$A_3 = \{B_{10}, B_{11}, B_{12}, B_{13}, B_{14}\}$。建立的评价指标体系如表 2 - 1 所示。

表 2 - 1　　　　　评价指标体系

	一级指标 A	二级指标 B
金融监管效率	金融安全（A_1）	存款人和投资者信心（B_1）
		货币政策实施（B_2）
		市场准入和退出（B_3）
		突发事件的处理（B_4）
		金融犯罪的减少（B_5）

续表

一级指标 A		二级指标 B
金融监管效率	金融风险预防（A_2）	内控机制（B_6）
		风险管理（B_7）
		信息披露（B_8）
		风险传递控制程度（B_9）
	金融效率（A_3）	监管成本（B_{10}）
		监管真空（B_{11}）
		重复监管（B_{12}）
		金融创新（B_{13}）
		市场竞争（B_{14}）

　　根据模型需要，设计一级指标专家意见打分表，如表 2 - 2 所示。

表 2 - 2　　　　　　　　一级指标打分

A_i/A_j		同等重要		一般重要		比较重要		非常重要		极度重要
A_i	A_j	1	2	3	4	5	6	7	8	9
金融安全（A_1）	金融风险预防（A_2）									
	金融效率（A_3）									
金融风险预防（A_2）	金融安全（A_1）									
	金融效率（A_3）									
金融效率（A_3）	金融安全（A_1）									
	金融风险预防（A_2）									

注：在对应的格内打√。

　　从第二层开始建立判断矩阵，根据元素两两对比时的重要性等级对其赋值，各元素重要性等级由问卷调查所得，以此确定模糊权重向量。依据问卷调查中所体现的三个金融监管目标在金融监管中的重要性等级，赋值情况如表 2 - 3 所示。

表 2 - 3　　　　　　　　　重要性等级赋值

对比等级	两者相比	赋值 X_{ij}
同等重要	X_i 和 X_j 同等重要	1
一般重要	X_i 和 X_j 一般重要	3
比较重要	X_i 和 X_j 比较重要	5
非常重要	X_i 和 X_j 非常重要	7
极度重要	X_i 和 X_j 极度重要	9
两个等级的中间	X_i 和 X_j 相比较重要性在以上相邻两者之间	2，4，6，8
相反的情况	X_i 和 X_j 相比较重要性与上述情况相反	1，1/2，1/3，…，1/9

如表 2 - 3 所示，非常重要赋分 9，比较重要赋分 7，重要赋分 5，比较不重要赋分 3，非常不重要赋分 1，且对不同元素不可重复相同赋分。

2.1.2　金融监管

2.1.2.1　金融监管的含义

金融监管，顾名思义，是金融监管部门依据相关法律法规，运用行政权力对金融机构及金融业务活动实施约束和规制，为保证金融系统稳健运行所做出的一系列的金融监督和金融管理行为的总称。其中，金融监督职责是指金融监管部门对金融机构进行全面的、常规的、例行的检查来确保其合法合规、稳定健康地发展；金融管理职责主要是指国家依据相关法律法规，授权金融监管部门制定执行并公开颁布有关金融业的组织机构和业务活动的专门的金融法律法规或金融行业条例和准则，以确保金融业合规合法、稳健运行，完成为投资者或其他金融客户提供金融服务的社会功能。该定义静态意义上强调金融行业正常运行所依据的法律法规框架和各项规章制度，动态意义上强调的是金融监管部门对包括金融机构在内的整个金融体系的组织、监督、管理、检查以及调控等一系列的监管活动。金融监管的主要目的是防范金融风险，维护金融系统稳定，保证金融系统稳健运行，其涵盖的范围可以从狭义和广义两个层面来界定。狭义的金融监管主要是指各国的中央银行对整个金融行业——包括金融机构和金融业务实施的全面的例行的监督检查，广义的金融监管在狭义的金融监管的基础上还加注了金融机构内部控制、金融业同业监管及其他部门对金融业的监管，范围更加宽泛，更加全面地诠释了金融监管的社会职能。

金融监管的内容包括：金融机构的设立、运营、财务；金融市场监管，包括融资方式、利率水平、法律法规等方面；财务会计审计；外汇资产监管；贵金属监管；非银行金融机构及行业监管，包括信托、保险、证券等；其他金融活动监管，包括典当、小贷公司、租赁等形式。具体来说，对金融监管含义的理解需要掌握以下要点：第一，金融监管部门拥有国家依法授予的监管权，且具有强制性。第二，金融监管的对象是金融机构和金融活动。其中，被监管的金融机构包括银行和非银行金融机构两大类。银行类金融机构包括商业银行、政策性银行、城乡信用社等；非银行类金融机构包括保险公司、投资银行、信托投资公司、投资基金、证券公司等。而被监管的金融活动包括金融机构所从事的一切金融业务，是整个金融系统运行的内在机制。第三，金融监管的工作方式主要是对金融机构和金融业务制定相关法律法规，并进行现场及非现场检查。

第四，实施金融监管的目的是防范金融风险，稳定金融秩序，保护投资人、存款人权益，保证金融系统合法合规、稳健高效运行。第五，金融监管是为了达到稳定金融，防范风险目的而依法对金融机构和金融业务进行监督和管理的规范性政府行为。第六，金融监管体制的未来发展趋势是伴随金融创新的飞速发展，金融监管方式会逐渐由机构型监管过渡到功能性监管，适度监管的理念会越来越深入人心。

2.1.2.2　金融监管的原因

第一，由信息不对称引起的金融监管。金融领域信息不对称通常有两种形式。一种是金融机构负债状况信息的不对称。这种形式的信息不对称主要源于存款人或投资人对金融机构如何运用存款或投资款不了解，但金融机构对于自身却很了解，这种信息的不对称使金融机构更倾向投资于风险级别高的资产，迫使存款人或投资人在不知情的情况下被动地承受高风险，从而产生道德风险。也正是由于存款人或投资人对金融机构情况的不了解、不信任，在出现突发性的金融风险的情况下容易发生挤兑现象。这也是金融体系中需要建立存款保险制度的原因之一，有了这一制度的保证，无论金融机构会面临什么样的金融风险，是否有规避或控制该风险的能力，存款人都会得到来自存款保险的补偿，从而实现整个社会范围内的帕累托最优。在金融发展史上，美国在经历了 1933 年大萧条之后制定了《格拉斯—斯蒂格尔法》，建立了联邦存款保险制度来防范金融风险，尽量在面临金融风险的时候最大程度地保障存款人和投资人的权益不受侵害，同时也保证整个经济体系在经济危机中的稳健运行。另一种是金融机构资产方面的信息不对称。这种形式的信息不对称主要源于金融机构不了解存款人或投资人的实际状况，而存款人或投资人对自身情况比较了解，这种情况下在贷款前容易产生逆向选择问题。也就是说越是资信状况不好的存款人或投资人，在和金融机构接触中就会表现得越积极，越愿意让步，显得非常有合作的诚意，也因此越容易得到金融机构的贷款支持。而在这种情况下贷款后很可能发生道德风险，也就是在借款者获得贷款后，有可能从事金融机构所不愿意从事的高风险的金融投资活动，从而增加还款风险。由于以上论述的逆向选择和道德风险的存在，大大激发了金融机构的危机意识，为了保证自身的安全稳健运行，金融机构本身产生了对金融监管的迫切需求。金融监管当局也会从金融系统的稳定性和安全性的大局出发，提高法定存款准备金率，限制金融机构的投资业务种类，降低或分散或控制金融风险，同时加强现场检查和非现场检查，全方位把控金融机构和金融业务的总体风险水平和集中程度。

第二，由金融外部效应引起的金融监管。外部效应是一个社会学的范畴，是指由于某个活动主体的活动，会使另一活动主体在未付出任何代价的情况下获得好处或收益，抑或受到损失或惩罚。在经济学领域，主要是指由于某个经济主体的经济活动使其他经济主体在未付出任何成本的情况下获得收益的现象。从定义上可以看出，外部效应既有发挥正面的积极作用的外部效应，也有产生负面的消极作用的外部效应，也就是所谓的正效应和负效应。

金融业外部效应的表现方式包括金融机构间的外部效应、金融业作为一个整体对其他行业的外部效应、金融业作为一个行业对整个国民经济或整个世界经济的外部效应。金融业内部各金融机构之间的外部效应主要是由金融机构之间经常性的拆借资金等经济行为引起的债权债务关系造成的。正效应体现为金融机构因为相互持股、资金拆借等金融行为使整个金融业联系更为紧密，在金融危机来临时可以作为一个整体共同对抗金融危机。而且深度合作可以扩大盈利的范围和程度。负效应体现在由于金融机构相互持股，可能导致金融风险的传导更加快速，更加难以控制，金融风险很容易从一家金融机构快速传导至数家金融机构，进而传导全国金融系统甚至全球的金融系统。金融业作为一个整体对其他行业或作为一个行业对整个国民经济甚或世界经济的外部效应，体现在金融全球化和金融一体化的经济浪潮中各国之间的联系越来越紧密，相互影响越来越频繁深入。在金融史上，远至 20 世纪 30 年代美国经济大萧条时期的金融危机，近至 2007 年的次贷危机，金融危机对整个世界经济产生的巨大冲击都与金融业负外部效应有关，因此必须加强金融监管，对每一家金融机构都进行严格的日常的例行检查，防微杜渐，最大程度上减少金融风险可能产生的负外部效应。

第三，由金融创新引起的金融监管。在金融不断演化发展的过程中，市场机制和政府干预交替作用，经济力量和政治力量在金融领域不断角力，金融创新层出不穷，金融监管如影随形，金融创新和金融监管之间一直处于一种动态的调整过程中。金融机构要实现利润最大化必然要以营利为目的，高收益势必意味着高风险，金融监管机构是不允许被监管金融机构承担太大的，甚至超过其可承受范围的风险的，其实也就是为了控制风险，限制其获利能力，而被监管金融机构为了利益势必会寻求各种方式来突破监管的限制，因此出现了各种复杂的金融杠杆、保证金交易、衍生品交易形式，各种金融创新形式应运而生，使得原来的监管制度有所放松。近年来出现的互联网金融、绿色金融、普惠金融等新的金融理念与实践，也为金融创新注入了新的血液。相对应的，面对诸多金融创新形式，金融监管部门也针对性地出台了一系列的新的监管规则和措施来缓冲金融创新对金融领域造成的影响和冲击。

2.1.2.3 金融监管的目标

金融监管的目标主要是通过对金融机构实施有效的监督和管理来控制货币供求，保持金融市场稳定，进而约束金融机构，保护存款者利益，维持正常的金融秩序。各国金融背景、法律背景、社会制度背景不同，因此各国金融监管目的并不完全相同。在金融监管目标问题上，我国有多位学者进行过相关研究。邹平座、陈学彬（2002）认为金融监管有三种目标：一是金融安全、金融效率、金融均衡；二是金融安全、金融效率、保护投资者权利；三是金融安全、金融效率、金融公平。周道许（1994）认为金融监管的目的是维持金融系统的安全与稳定，防范金融风险，保护投资者利益，助力货币政策，实现货币政策目标，促进金融市场一体化，保持经济全面稳定发展。范恒森（2002）认为金融监管的目标是在一定的金融文化的指导下，针对金融市场本身的局限性使金融机构和金融业务能够有效地服务公众利益和经济发展，实现社会功能。下面以时间为脉络，就不同历史时期的不同国家的金融监管目标的发展历史做一下系统论述。

（1）20世纪30年代之前，金融安全目标。早在18世纪末期，经济学家桑顿就提出，票据贴现会导致信用扩张，而金融机构难以保证足够的货币供给弹性来避免货币供需不平衡可能引起的挤兑、通胀或通缩，因此出于金融安全考虑应对货币发行进行集中统一监管。在以后的金融理论与实践的发展当中，桑顿的理念得到大家的认同，货币发行由各国中央银行统一掌管。在统一货币发行权的同时，中央银行还履行类似于保险人的责任，作为金融机构发生风险时的信用保证和资金支持，即最后贷款人的功能，中央银行具有防范金融风险，稳定金融体系的职能，这也为金融监管行为的实施和金融监管体系的建立提供了前提和基础。

（2）20 世纪 30～70 年代，金融稳定优先目标。在此期间，凯恩斯的政府干预国家经济的政策受到官方的重视，并在政府管理时得到广泛使用，鉴于当时的经济状况，金融监管的目标主要是保持金融稳定。在该时期的金融研究中，当时的全能型金融机构和自由竞争的金融制度具有较强的不稳定性，出于逐利的原因金融机构过多地参与风险较高的金融投资活动，而又没有较为妥善的风险规避手段，最终导致金融风险累积而爆发形成金融危机。因此，为了保证金融体系和整个经济体系的稳定，金融监管成为政府监管部门必要的管理手段。

（3）20 世纪 70～90 年代，金融效率优先目标。在 20 世纪 30 年代凯恩斯主义深受政府的认可，并在政策实施时多以其为主要指导思想，而 70 年代出现的新的经济现象——滞涨宣告了它的结束，取而代之的是后兴起的以货币学派为代表的自由主义学派的理论。在金融监管方面，这种理念也深入人心，金融自由化理论和实践在金融领域各个部门得以运用，并对以往的金融理论提出了挑战。金融自由化理论认为严格的金融监管降低了金融机构的效率，压抑了金融业的正常发展，最终造成监管效果和经济发展要求相背离的结果。而且使用政府监管解决市场机制问题的能力也存在一定的制约，加之信息不完全及信息不对称等问题，都会导致政府监管的失灵。在金融自由化理论体系中，金融压抑和金融深化是其主要组成部分，主张放松金融监管，深化金融改革，破除金融压抑，刺激金融竞争，恢复金融市场活力，促进市场机制在金融领域发挥作用，实现真正意义上的金融自由化。

（4）20 世纪 90 年代至今，安全与效率目标并重。自由主义学派的理念和政策虽然盛行了一段时间，但是市场机制的固有缺陷并没有发生变化，因此金融自由化的理念和措施会一直发展并继续不断衍化，到20世纪80~90年代，各国先后放宽了金融监管的限制，充分发挥市场机制的作用，大大提高了金融效率，金融自由化一度达到了前所未有的程度，全球化的金融市场初步形成。但是由于金融自由化的过度盛行导致对金融监管的忽视，很快在20世纪90年代引起了一系列的区域性的金融危机，比如1997年的亚洲金融危机等，迫使各国政府又重新重视起了金融风险的预防与金融监管，进而推动金融监管的目标向安全与效率并重的方向发展。此次的金融监管的发展除了重视金融安全问题外，也从金融业本身的需求出发注重效率问题，在二者之间找到一个平衡点，这也是金融监管目标发展不同以往的又一次变革。

2.1.2.4 金融监管供需理论模型

经济学家认为在金融领域金融监管就是一种商品，也涉及供给和需求两个方面，金融监管的供给方是政府部门，需求方是特定的金融机构或团体，最终金融监管的程度是供给和需求两股力量相互作用的结果。

（1）金融监管的需求。金融监管需求方主要包括金融机构或社会大众，金融机构产生金融监管需求的原因是通过与政府监管部门的合作，获得垄断地位，攫取垄断利润；社会大众产生金融监管需求的原因是利用政府监管来规制由于信息不对称而导致的信用风险和道德风险。经济学家培尔兹曼（Peltzman，1976）建立金融监管的需求函数公式如下所示：

$$M = nf - (N - n)h \qquad (2-1)$$

其中，M 代表对金融监管的需求，n 表示被监管的机构数量，f 表示被监管的金融机构支持政府部门的概率，N 表示金融机构的总数，因此（$N-n$）表示不受金融监管的机构数，h 表示不受监管的金融机构数投反对票的概率。又有 g 表示金融监管受益方的人均净收益：

$$g = (T - K - C)/n \qquad\qquad (2-2)$$

其中，T 表示金融监管受益方的受益总量，K 表示受益方处理反对意见的支出，C 为受益方相互之间的沟通结盟的成本。

又有：

$$h = h(t, Z) \qquad\qquad (2-3)$$

表示不受监管的金融机构投反对票的概率，和受损者被迫转让的税率 t 和处理反对意见的人均支出 Z 相关，其中：

$$Z = K/(N - n) \qquad\qquad (2-4)$$

基于式（2-2）、式（2-3）、式（2-4）的约束条件，利用拉格朗日乘子法对 M 求极大值，可得 M 最大化时 N，T，K，t 的取值，可得：金融监管的边际收益等于税收引起的边际成本，二者共同决定了金融监管的最佳需求点。因此，金融监管的需求函数的特点可以概括为以下五个方面：

第一，金融监管的最佳位置是由其供给和需求共同决定的，从式（2-1）中可以看出，只有 M 为正值，即 $[nf - (N-n)h] > 0$，也就是支持力量 $nf >$ 反对力量 $(N-n)h$ 时，说明金融监管需求的支持力量大于反对力量，金融监管行为会得到政府支持，可以实施金融监管。

第二，被监管的金融机构或社会大众对金融监管的需求往往是在经过比较后决定的。如上所述，金融监管需求一方面要考虑到获益金融机构数量 n 和受损金融机构数量的对比（$N-n$），而且还要考虑到获益金融机构的支持程度 f 和受损金融机构的反对程度 h 之间的对比，其中 f 取决于获益金融机构的净收益 g，即：

$$f = f(g)，\partial f/\partial g > 0，g = (T_i - K_i - C_i)/n \qquad (2-5)$$

其中，T_i 是金融监管总收益（包括金融监管带来的社会总收益和从受损金融机构或社会大众中转移过来的收益两部分），K_i 表示受益方承担金融监管时处理反对意见所承担的社会成本，C_i 表示被监管金融机构要求实施金融监管所产生的成本（包括组织成本、游说成本、信息成本等）。

H 是受损方中反对者占受损方机构或人员总数的比例与反对程度的复合值，受到受损方在金融监管方面的平均净损失 z 的影响，即：

$$H = h(z)，\partial h/\partial z > 0，z = (T_j - K_j - C_j)/(N - n) \qquad (2-6)$$

其中，T_j 是因为实施金融监管而导致金融机构的收益减少扣除实施金融监管成本后带来的社会总收益，K_j 为受损金融机构所承担的监管成本，C_j 为受损金融机构或社会大众持反对意见所支付的成本。

第三，潜在的金融监管需求。某些金融机构或社会公众出于各种原因可能不会公开表态，但是在权衡成本与收益之后，仍会选择逃避监管。用公式来说明就是 P' 表示因受损金融机构反对实施金融监管而取消的概率的增加值，R_j 表示逃避金融监管的收益，C_j 表示逃避金融监管的成本，当 $ZP' < R_j - C_j$ 时，受损失金融机构就会选择逃避金融监管。相反，当 $ZP' > R_j - C_j$ 时，受损失金融机构就会选择接受金融监管。逃避金融监管有两种可能性，一种是违反金融法律法规，另一种是这种行为是金融创新的一种形式，对当前的金融监管形式来说是一种补充和改进。

第四，金融监管需求受到金融监管供给的制约。从制度经济学的角度分析，金融监管本身也是一种金融管理制度，具有自身不断演进的特点，一旦制度形成也就意味着伴随其不断发展变化会被新的环境需求和金融监管供给水平所淘汰。

第五，金融监管需求变化的持续性。从制度经济学的角度来说，金融监管体制经历了从无到有，从初期监管到严格监管到金融监管自由化的发展历程。这种制度的演变是历史的，是会根据不同的政治、经济、文化等社会环境的变化而变化的，形成曲折发展螺旋上升的态势。

（2）金融监管的供给。金融监管的供给受到诸多因素的影响，有如下关系式：

$$S = f(D, R_s, L, U, P) \qquad (2-7)$$

其中，D 为监管者感受到的需求，R_s 为监管机构自身利益，L 为监管人员履职状况，U 为观念和体制约束，P 为国外监管制度的影响。

因此，金融监管供给具有以下特征：

第一，金融监管供给是以金融监管需求为导向的。就基本逻辑而言，金融监管是针对金融机构和金融活动进行监管的，因此，一定是先有了需要监管的金融活动，对金融监管提出了需求，才会引起金融监管的供给，金融监管者会通过对社情的感知和了解，根据金融监管需求来调整金融监管的供给。

第二，金融监管供给在本质上就是金融法律法规设立与执行的过程。金融监管的供给首先就需要有金融法律法规的制定，其次就是对其的执行，金融监管工作很大程度体现在现场及非现场的检查监督处理上。

第三，金融监管供给受到政府当局对自身利益的维护的影响。金融监管的具体提供者是金融监管当局，而金融监管当局有自身利益需要维护，当金融监管当局的利益和金融监管本身的利益一致时是没有问题的，但是不一致时，就会造成金融监管供给的扭曲，这也是金融监管领域的委托代理成本，并可能出现以下几种情况：一是金融监管者的渎职与不认真。比如分业监管时，因为权责不明晰导致监管真空的产生，监管者可能会因为节省日常开支而降低监管水平，从而给欺诈、操控股价等金融犯罪以可乘之机。二是监管者可能被俘获。监管者和被监管者之间的关系是一种长期的博弈关系，监管者的角色一般是国家的政府部门，而被监管者多是大型的金融机构，在长期的交往中，监管者常常会被被监管者俘获，形成利益共同体，造成金融监管的负外部性。三是金融权力成为金融监管博弈的对象。金融监管博弈的过程也就是金融创租和金融寻租的过程，以一定的金融租金为代价获得金融权力。四是金融监管的实施和效果受到客观金融环境的制约。金融监管的实施首先需要有正确的监管理念作为指导，其次金融监管的实施需要有敬业、专业性强的高素质金融人才来进行具体操作。

（3）金融监管的均衡。以制度经济学原理为基础，使用边际分析来确定金融监管供求的均衡点，金融监管的均衡状态是指金融监管的边际收益等于边际成本时，金融监管主体和客体处于和谐的较为稳定的制度状态。在此，分别用 SR 和 SC 表示金融监管的社会总收益和社会总成本，通常情况下，当 $SR > SC$ 时，也就是当监管收益大于监管成本时，支持金融监管的力量大于反对金融监管的力量；相反，当 $SR < SC$ 时，也就是当监管收益小于监管成本时，支持金融监管的力量小于反对金融监管的力量，如图 2-1 所示。从图 2-1 可以看出，金融监管边际收益是金融监管总量的减函数，而金融监管成本是金融监管总量的增函数，两条曲线的交点就是金融监管需求与金融监管供给的均衡点，也就是最佳的金融监管总量。以图 2-1 中的 MSR 和 MSC 为例，二者的交点 Q_0 就是在设定社会环境下金融监管需求和供给的均衡点，而 Q_0 的左侧是监管供给小于监管需求，属于监管不足的状况；Q_0 的右侧是监管供给大于监管需求，属于监管过度的状况。不同的社会环境会引起 MSR 和 MSC 的变化，比如当金融监管的边际收益下降同时边际成本上升时，MSR 会向下移动到 MSR_1，因为成本和收益之间的负相关关系，相对应的 MSC

会向下移动到 MSC_1，二者的交点也从 Q_0 移动到了 Q_1，也就是说金融监管的均衡量会下降至 Q_1；相反，当金融监管的边际收益上升同时边际成本下降时，MSR 会向上移动到 MSR_2，因为成本和收益之间的负相关关系，相对应的 MSC 会向下移动到 MSC_2，二者的交点也从 Q_0 移动到了 Q_2，也就是说金融监管的均衡量会上升至 Q_2。

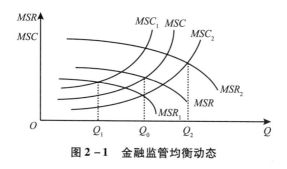

图 2-1　金融监管均衡动态

2.1.3　金融监管模式

2.1.3.1　金融监管模式的含义

金融监管模式通常是指一国对于金融监管业务、金融监管机构及其相关金融监管法规的体制安排。较深入来说，对金融监管模式的含义一般有广义和狭义两个层面的理解。广义上的金融监管模式主要是指一国金融监管所涉及的所有制度安排，包括金融监管主体的组织结构、行为方式、业务内容、金融监管的法律法规等，而狭义上的金融监管模式只包括监管主体的组织结构，也就是为了达到监管目的、实现监管职能，针对实施金融监管的主体的权责分配而设计的一整套完善的行为规则，通俗来说就是由谁以什么样的形式来负监管责任的问题。

2.1.3.2　金融监管模式的类型

各国根据本国经济金融的发展需要来设立适合自身发展的金融监管模式，按照监管机构的组织形式，金融监管可以划分为统一监管、分业监管和双峰监管三种类型。

第一种类型是统一监管。统一监管是指金融系统中只有一家金融监管机构对金融机构、金融市场活动、金融业务与金融产品行使金融监管权力。这家金融监管机构既负责宏观层面的金融监管政策制定、金融业的发展方向的掌握，也负责对微观层面上的金融业务、金融活动和金融产品的合规合法进行监管。这种监管模式的特点在于节约监管成本，提升监管效率，权力、资源集中于一个监管机构，有利于吸引更多优秀监管人才的加盟；产生金融监管的规模经济，摊低监管成本，共享信息资源，扩大范围经济；避免国家监管机构由于管理理念、管理程序等各方面的不同而产生矛盾，继而产生重复监管和监管真空。英国、日本等国家采用这种金融监管模式。

第二种类型是分业监管。分业监管是指针对金融系统中不同的金融机构、金融业务、金融产品设立不同的金融监管机构进行监管的监管组织形式。这些金融监管机构之间是平级，没有隶属关系，各自按照分管的金融业务类型实施监管。在主要针对金融机构进行监管的体制下，分业监管主要是针对不同金融业务类型分行业监管，比如金融分业监管可以划分为银行业监管、证券业监管、保险业监管。德国历史上采用这种监管模式并且取得了显著的效果，受到各国的广泛关注与借鉴应用。

第三种类型是双峰监管。双峰监管是指以保护消费者权益为目标建立审慎监管和行为监管相独立的金融监管框架。其中，审慎监管是为了确保金融机构的安全稳健规范经营，维护正常的金融秩序和金融体系的安全与稳定；行为监管是为了防范金融机构的道德风险与逆向选择，防范金融欺诈，保护金融投资者的合法权益不受侵害。该金融监管模式是1995年由英格兰银行的经济学家迈克尔·泰勒（Michael Taylor）提出的。在双峰监管中，泰勒建议建立"金融稳定委员会"，监管系统性金融风险；同时成立"消费者保护委员会"，监管金融业务和金融行为的合规合法。泰勒认为伴随混业经营在世界范围内的兴起，原来的"分业经营分业监管"的金融监管模式已经不适应当前金融业务差距越来越小的现状，因此采用双峰监管模式更加适应当前金融业的发展现状。1997年澳大利亚采用的金融监管模式就是典型的双峰金融监管体制。

2.1.3.3　金融监管模式演进的原因与影响因素

制度变迁理论是新制度经济学理论中最重要的部分，该理论认为制度变迁是金融监管模式演进的主要原因。制度变迁主要是指一种效益和效率更高的制度取代之前制度的过程。在新制度经济学中，有多位经济学家对此进行了研究，其中以诺斯的制度变迁模型最为有名。诺斯认为，之所以产生制度的变迁和更迭，根本原因是对利益的追逐。制度的适应性特征是会使制度根据不同地域、不同时期的不同情况进行调整的，而调整的最大目的就是追求更大的利润，这个调整的过程也就是金融监管模式进行帕累托改进的过程，所要达到的状态也是资源配置最优的状态——帕累托最优。在帕累托改进的过程中还需要考量到成本的问题，只有收益大于成本，存在净利润时才会产生这种制度的更迭与演进。

金融监管模式是适应不同国家在不同历史时期、不同发展阶段金融发展的不同状况而设立的，伴随经济的快速发展和金融领域的深化改革，金融监管模式也一直在努力适应社会变迁对金融监管提出的挑战。在制度经济学中，金融监管模式方面的理论主要经历了三个阶段，与其相对应，在各国的金融监管实践中也产生了三种不同形式的金融监管模式。从制度经济学理论角度而言，金融监管作为一种制度安排，尤其在其发展初期并没有世界统一的固定的模式形式，不同的经济发展水平、经济结构、组织形式、监管理念、监管目标，不同的政治体制、政策偏好、社会价值观都会影响到金融监管模式的形成与发展。归纳起来，影响金融监管模式演变的主要因素如下：

（1）经济环境因素。影响金融监管模式变革的首要因素就是经济因素。一个国家的经济金融发展水平、经济金融结构、经济金融制度体系及利益分配都会影响到其金融监管模式的变迁，这一点在金融监管模式形成的时候早有体现，金融监管模式的形成本身就是针对不同历史时期的金融风险防范而设立的。在金融监管模式发展过程中，金融业的发展变化无疑是整个金融监管模式变化的基础和缘由。而金融业的发展经历了混业经营—分业经营—再混业经营的曲折过程，相对应的不同时期对金融监管模式的需求也不同，继而引起对金融监管内容、结构、范围、力度等各方面的要求不同，为了达到新的金融监管均衡状态，势必形成新的金融监管模式，从而完成金融监管模式的制度性变迁。

（2）交易成本因素。根据制度经济学基础理论，制度的产生和发展的主要原因就是对经济成本的节约，而金融监管模式作为一种经济制度，在其产生之初也必然是有一定的经济原因。金融是一国经济的核心领域，一旦金融领域产生风险，将会通过金融媒介传递到整个社会经济的各个角落，进而引起巨大的经济金融损失，因此金融监管是十分有必要的。至于以什么样的形式进行监管，也就是监管模式是什么，这需要考虑到多种因素，其中对经济金融风险的控制及对交易成本的节约必是一项重要因素。从制度经济学角度而言，任何一种制度都有其产生的原因和存在的意义。合适的金融监管模式会降低金融交易成本，防范金融风险，稳定金融秩序，加固金融体系，保障经济金融的正常运转，为社会发展提供稳定的经济金融环境并提供高效安全的经济金融服务。

（3）合作激励机制因素。制度经济学中认为，制度的存在就是为了优化社会分工体系，为全社会的社会分工提供一个框架，从而实现分工合作的目的。在金融监管中，金融监管模式正是提供了一系列的规则范式来协调社会经济中各利益主体之间的关系，利用金融媒介将资金的供给者和资金的需求者联系到一起，降低交易成本，简化交易过程，促进社会分工合作。任何一种制度之所以会被采用，其根本原因在于制度对在该框架下的人员或机构会产生足够的激励作用，激励其不断努力工作，不断创新发展，使自身的利益和社会利益相一致、相趋同。金融监管模式和其他制度相同，它对金融机构具有内在的激励机制，激励金融机构的利益和金融体系和整个社会的利益趋向一致，在合作共赢的基础上实现金融体系、整个社会安全稳定高效发展的目标。

（4）技术因素。科技发展是金融监管模式变迁的前提条件。金融监管模式的变迁往往伴随的是金融科技的进步。金融科技的进步刺激金融产品的创新与多样化，银行与非银行金融机构之间的业务出现大量交叉部分，原来的分业经营模式由于金融创新而逐渐弱化。同时，科技金融的发展大大降低了金融监管模式变化的成本。互联网金融、电子通信等金融科技的发展使金融监管模式的变化可以简化为数个程序的使用和协同合作，大大降低了金融监管模式变化的组织成本、信息成本，加之新的监管方法、技术指标的综合运用，充分为金融监管模式的变迁创造了条件，使新型的金融监管模式变迁成为可能。

（5）法律因素。完善的金融法律法规是金融监管的依据与保障，也是影响金融监管模式变迁的重要因素。如果法律法规限制了金融监管的发展，那么就有必要进行法律法规的修订来保证金融监管模式的顺利演进。比如美国的《格拉斯—斯蒂格尔法》就是根据当时美国变化了的金融环境做出的金融监管法律法规方面的调整。同时金融监管模式进行调整的时候，外围的法律法规环境也构成了新监管模式的设计成本的一部分。因为新金融监管模式的设立不仅需要金融监管框架的顶层设计，也需要大量专业人员进行反复周密的思考与论证、宣传与实施，这个试错的过程会消耗大量的人力、物力、财力，这些都构成金融监管模式变迁的设计成本，也是影响金融监管模式变迁的重要因素。

（6）意识形态因素。金融监管模式变迁除了会受到经济金融、法律法规、技术进步因素的影响，还会受到监管主体和客体的思想意识形态的影响。意识形态因素会影响金融监管模式变迁的方向和进度。当意识形态落后于经济发展的内在需求时，会阻碍新的金融监管模式的形成；当意识形态符合经济发展的内在需求时，会促进新的金融监管模式的形成。只有当意识形态正确反映了经济发展的内在需求，而新的金融监管模式也必须能适应新的思想意识形态与人文环境时，才能减少推行新的金融监管模式的成本，可见意识形态因素也是影响金融监管模式变迁的重要因素。

（7）外部利益内部化因素。外部性是制度经济学中的一个重要概念，当个人的成本和收益和社会的成本和收益不对等时就会出现外部性问题。在金融监管中，可以把整个金融体系看作一种社会大众都可以享受的公共的金融服务产品——公平、公正、公开、高效的金融服务体系，监管者和被监管者都处于这一体系中，每一个被监管的金融机构都有自身的利益和成本需要衡量，有的金融机构个体出于自身利益考虑可能会做出违反正常金融秩序的事情，从而引起额外的该金融机构没有完全承担而由社会大众共同承担的经济成本，也就形成了金融监管领域的负外部性。针对这种状况，政府部门必须找到一种合适的方式方法来约束这种行为，将这种对金融负外部性的约束机制演变成一种内部制度，也就是我们所说的金融监管模式来保证正常的金融秩序。

如前所述，从制度经济学的角度而言，金融监管是一种根据不同情况不断发展变化的制度安排。这些不同情况分别涉及经济成本、合作激励机制、科技进步、法律法规、意识理念及其外部性各个层面，这些因素会不同程度地影响金融监管的供给与需求，打破原有的均衡状态，从而引起金融监管模式的变迁。

2.1.3.4　金融监管模式的演变历程

从制度经济学的角度而言，金融监管模式本身作为一种制度安排，其发展变化也是遵循着制度变迁的规律。在金融监管模式变迁的过程中，达到帕累托最优的均衡状态只是一瞬间的状态，大部分的情况都是不均衡的状态，伴随外围环境的不断变化，当金融监管的成本大于收益时，就会打破原来的均衡状态，出现制度供给和需求的失衡，进而向新的金融监管模式演变。可以说，金融监管模式的演进过程实质上就是制度均衡—失衡—新均衡的螺旋上升的过程。

在自由主义经济时期，没有正式的、正规的金融监管机构，各个金融机构为了自身利益最大化，任意抬高利率进行恶性竞争，造成金融市场的混乱和无序竞争，从而滋生道德风险，影响整个金融体系的安全与效率。鉴于此，政府部门开始考虑成立专门的监管机构来调控金融风险，至此中央银行应运而生，成为现代金融监管的起点。伴随商品经济的快速发展，对金融市场上的金融产品和金融业务需求越加强烈，出现了金融混业经营的局面，对金融监管也提出了新的要求，但是这一阶段的金融监管缺少统一完善的金融法律法规和金融监管组织体系。各个金融机构完全出于利润最大化的目的从事金融活动，而金融监管的效率非常低。这期间比较有名的历史事件是 20 世纪 30 年代的世界范围内的经济危机，其主要原因就是金融监管不力导致金融业务失范，股市崩溃。

20 世纪 30 年代金融危机之后，为了防范混业经营金融风险，加强金融监管，美国首先通过了《格拉斯—斯蒂格尔法》，确立了金融业分业经营模式。在这种经营模式下，金融业各个行业通过分业经营的模式，分业资源配置，分业监管。严格的分业金融监管会减少金融风险传播的程度和范围，维护整个金融体系的安全与效率，并使整个金融体系处于一种相对平衡的状态，达到短期的帕累托均衡。

这种状态一直持续到 20 世纪 90 年代，至此金融机构为了达到利润最大化的目的，摒弃了原有的金融分业经营模式而进行大范围、深层次的混业经营，这给原有的金融监管模式带来了巨大的操作困难，出现了重复监管、监管真空的现象，增加了监管成本，降低了监管效率。在这一阶段原来严格的分业经营分业监管的模式已经不适应新的金融形势，产生了新的金融监管模式的需求，各国开始根据自身情况尝试统一监管模式、双头监管模式、伞形监管模式等多种不同的金融监管模式，通过帕累托改进最终达到帕累托最优的状态。

2.1.3.5　我国金融监管模式选择的原则

从上面的论述可见，金融监管模式始终处于变化之中，我国的金融监管模式从原来的分业经营分业监管模式转变为当前的内双峰模式，是适应我国经济发展态势和金融业发展形势的顺势而为。而且在我国金融领域各种创新形式层出不穷，当前的金融监管模式处于不断适应新的变化的状态，可能会通过进一步的调整来寻求一个适合我国具体国情的"最优模式"，但无论如何调整，都有一些基本原则需要把握。

第一，功能性监管原则。功能性监管这一概念是美国社会学家、哈佛商学院罗伯特·莫顿的研究团队提出的。这一概念的提出主要来源于其运用科学社会主义的经验功能主义理论来解决社会结构要素的政府功能问题。莫顿等经济学家认为就金融领域而言，金融活动的主要社会功能就是金融资源跨时间、跨地域的有效配置。依据金融行使社会功能进行资源配置提供的劳动要素可以将其划分为商品市场、资本市场和劳务市场的要素交换、金融信息系统、金融筹融资机制、资金支付结算系统。这些金融的社会功能会根据不同历史时期、不同地域特点、不同政治经济文化背景选取最优的适合各国国情的金融制度来实现，从这个角度而言，金融监管模式就是一国针对该最优金融制度实施监管时所采用的体制制度形式。因此可以根据金融发挥的社会职能将金融业务划分为银行、证券、保险三种业务形式，功能性监管就是针对这三种业务形式实施监管。由于功能性金融监管是直接针对具体金融业务，无论是哪种金融机构都只针对具体业务监管，简单直接，兼具稳定性、灵活性和针对性强的特点，可以短时间内解决问题，避免重复监管和交叉监管，节约金融监管的时间成本和资金成本，提高金融监管效率。这种监管模式尤其适用于 20 世纪以来金融创新、金融全球化与自由化蓬勃发展的时期，很多金融机构除了自身的主营业务外，还兼营其他金融业务，比如银行还可以兼营证券和保险业务，保险机构也兼营金融投融资业务等，也就是说一种金融功能会由几家金融机构共同完成，或者一家金融机构会兼具几种不同的金融功能，这种情况下原来的机构性监管已经不适应当前的现实需求，因为机构性监管是按照金融机构的不同进行监管，就同一金融机构而言还要兼管其不同的业务种类，还需要在不同金融机构之间进行协调，会造成大量时间、资金资源的浪费，而且还需要熟悉不同业务种类的专业的金融业务人员，大大增加了金融监管的各项成本支出和政策时滞，严重降低金融效率。因此，当前应采用功能性监管来规避金融创新对原来机构性金融监管造成的资源浪费和安全冲击。

此处所说的功能性监管，是指根据金融体系在整个社会生活中所发挥的基本功能而设计建立的监管模式。美国前财政部部长鲁宾对该概念也有所界定，功能性监管是指对于某特定的金融业务，无论该金融业务是由哪个金融机构从事，其监管者都是同一监管机构。对于功能性监管来说，其关注的主要是金融业务本身及其在社会整体运行中发挥的作用与行使的职能，而与哪家金融机构行使该职能或操作该金融业务无关，这和传统的机构性监管不同。传统的机构性监管是针对特定金融机构进行监管，包括该金融机构所从事的所有金融交易类型，关注的是金融机构的生存和发展。两者相比较，功能性监管更加具有超前性和适应性，适合当前复杂多变的金融形势，更为金融监管提供了一种新的理念和看待解决问题的视角。虽然当前经济金融形势复杂，金融受到来自政治、经济、军事、文化等各个领域相关因素的冲击，难免会随势波动，但金融的内在社会职能是相对稳定不变的，功能性监管正是在诸多不确定性中找到了一个相对确定和稳定的角度来看待、分析、解决复杂的金融监管问题，这一创新性视角既适应当前金融自由化和全球化形势，能够解决现实问题，具有现实意义，同时在理论研究领域也开辟了新的视角，为未来的国际金融监管合作，避免跨国界、跨地域的监管套利，提供了理论基础和发展方向。

就金融安全而言，机构性金融监管并没有对金融业务进行科学有效的划分以便于监管，因此各金融监管机构对不同金融机构相似金融业务进行监管时缺少有效的协调机制，存在责任推诿、效率低下的问题。而功能性监管是针对具体的金融业务进行监管，只要求他们提供相应的检查材料即可，不需要不同金融机构之间的不断协调与磨合，单纯从金融业务的角度进行风控，具有更高的安全性。

就金融创新而言，金融创新的能力与水平已经成为衡量一国金融发达程度的重要标准，传统意义上的机构性金融监管无法适应当前金融创新的快速发展，由于金融机构之间存在巨大的协调成本，尤其对于一些创新性的跨界的金融产品，传统的机构性金融监管难以实施有效监管，进而倒逼金融监管机构采取行政手段限制金融创新。而功能性监管直接针对包括金融创新型产品在内的金融业务进行监管，不必界定金融机构间的权责范围，更不必通过限制金融创新来顺利完成监管，从而为被监管金融机构、金融创新业务建立一个宽松灵活高效的金融生态环境。

第二，金融信息共享原则。随着金融自由化、金融全球化的迅速发展，金融监管的国际化业发展越来越快，很多国家和区域的经济金融组织对跨国界的国际金融联合监管的原则、政策和方法等问题越来越重视。金融集团（包括巴塞尔银行监管委员会、国际证券联合会、国际保险监管协会）联合论坛于 2010 年 1 月发布的《对金融控股集团的监管原则》对资本充足原则文件及其补充条款、人事岗位任用、金融监管信息共享原则、安排框架、协调机制与调查问卷都有详尽规定。该文件不是正式的法律文件，但其内容都是各国根据各自国情制定的关于金融监管各个方面的规定，包括法律依据、组织体系、监管原则、监管架构及其指导文件等。从该文件的制定可以看出，首先对被监管金融机构相关信息的取得是金融监管的前提和基础。金融自由化和金融全球化的快速发展大大增加了金融监管的难度和复杂程度，全世界范围内的金融监管合作显得尤为必要，而金融信息的共享是国际金融监管合作的基本保障。

金融监管机构和被监管金融机构之间的沟通非常重要，实施监管的各个业务部门应该对被监管机构的财务状况、风险基本状况及其管控、组织管理状况、业务领域、战略发展等基本信息实现共享以便于联合监管。金融监管机构各个部门对于金融信息需要的范围和程度是不同的，对于主要部门来说，其需要全方位的综合金融信息作出相对正确明智的决定，对于辅助性质的部门来说，其可能只是需要部分信息，但是各部门可以根据自身情况各取所需，共同完成金融监管的国际合作。主要金融监管部门应首先向其他不同辅助监管部门就检查内容提出问题，辅助监管部门按这个框架和思路及时解决问题，就可得的相关信息提出自身部门的监管意见建议，形成监管闭环，这些信息包括金融监管部门所具备的在权力范围以外的对被监管金融机构可能形成的制约能力，风险较高或风险增加较快的金融业务领域及对其的制约能力，其他对金融监管可能产生影响的领域的相关信息，关于即将实施的金融监管行为的相关信息等。在实际操作中，这种金融信息的获得非常困难，尤其是负面的或对被监管机构不利的金融信息往往会被刻意掩盖或修饰加工，但这样的信息又往往格外重要，尤其对于金融危机等敏感时期的金融监管工作来说，这些信息往往反映了大量的实际风险，也同时蕴含了有针对性的风险防控的方法。因此可以通过面对面、谅解备忘录、参加区域性或全国性的国际会议或其他安排的方式提升金融监管机构和被监管机构之间的沟通意愿，达成对金融监管工作目的的共识，建立起互相合作、互相信任、互相理解、互相帮助、信息共享的健康监管氛围，建立良性的金融监管协调沟通机制，从根本上解决被监管金融机构逃避问题、掩盖问题的动因，真正通过金融监管合作的形式来消除金融风险于未然，达到有效防范金融风险的目的。

第三，确定监管协调人原则。金融信息的共享是金融协调监管的前提和基础，在实际金融监管中，被监管金融机构通常都会接受两个或两个以上的金融监管机构的监管，因此在多个金融监管机构中要选择其中最为重要的一个监管部门或级别最高的监管部门或综合监管部门作为整个金融监管工作的协调人，协调各金融监管机构之间、金融监管机构和被监管机构之间的信息共享及其他方面的事务。在确定协调人职责的时候，需要考量在整个金融监管体系中每一个金融监管部门的职责范围、相关权利、法律依据、资源占用、能力水平、监管手段、跨部门跨领域跨国界的信息共享水平和处理能力等因素。是否需要监管的协调人、如何选择合适的监管协调人以及对监管协调人的权责的划分与界定，通常会由监管部门相互协商决定，但主要是由最为重要或级别最高的金融监管机构或由金融集团系统内主要金融监管部门，根据由谁担任协调人可以有助于信息流动、协调监管并在紧急情况来临时可以快速采取行动来决定由自己履职还是授权其他监管部门。通常情况下，这种决定会是很明显的，但如果需要作出决定，以下几项是参考条件：如果是在被监管金融机构内部，则选择机构内级别较高的监管部门或被监管业务的主要监管人作为协调人；如果是在各监管金融机构之间，则选择负主要责任，资历、财力最强大的监管机构作为协调人。协调人无论在任何情况下，尤其是在发生风险的情况下，都要能积极主动联络其他监管机构，明确在联合金融监管行动中各方的职责，并提出可选的解决方案，同时被监管金融机构也应该积极配合协调人，提供和自身机构或业务相关的金融信息来共同合作完成金融监管工作。协调人制度的目的是提高金融合作监管的效率，因此并不限制金融监管机构之间进行协调和沟通，而且也不意味着监管责任的转移，金融监管机构还是负有金融监管的责任的，这一点并没有发生改变。而且如果协调人的存在并没有改善金融监管状况，还可以撤销协调人的角色，回到原来各自沟通、各自协调的状态。可见监管协调人在金融监管过程中起到的是促进沟通、加强合作的作用，并不是取代原有的金融监管机构的职能，而且就金融监管机构来说，无论协调人存在与否，其金融监管职责都是不可推卸的责任。

2.1.4 金融监管效率

2.1.4.1 金融监管效率的含义

对于金融监管效率的含义，从不同的角度有不同的理解方式。从成本和效益的角度来说，金融监管效率可以理解为达成金融监管目标所需要的成本和可获得的收益的性价比。金融监管的宏观目标主要是维护一国金融体系的安全与稳定，具体来说包括保护投资人和存款人的权益；维护和保障金融业公平竞争的环境；保障国家货币政策的顺利实施；优化资源配置，促进经济发展。从以上金融监管的目标可以看出，通常所说的金融监管的目标主要侧重于作为国家金融政策实施的金融监管的作用和职能，较少考虑其经济成本，尤其对于一些对金融监管需求较为迫切的国家来说，相较于金融风险失控给国民经济所带来的经济损失，无论多大的成本都是愿意付出的，由此也可以看出完善的金融监管体系对一个国家金融体系顺利健康发展的重要性。因此，本书从金融监管目标完成情况的角度研究不同金融监管模式下的金融监管效率问题，将金融监管效率划分为金融安全、金融风险预防以及金融效率三个方面。其中金融安全目标由存款人和投资者信心、货币政策实施、市场准入和退出、突发事件的处理和金融犯罪的减少组成；金融风险预防目标由内控机制、风险管理、信息披露、风险传递控制程度组成；金融效率目标由监管成本、监管真空、重复监管、金融创新、市场竞争组成。

2.1.4.2　有监管效率的金融监管模式的衡量标准

在本书中金融监管模式的效率用不同金融监管模式下监管目标的完成程度来衡量。金融资源的配置是在一定的金融监管模式下进行的，金融监管模式适应金融发展的需要，那么金融资源的配置效率就高，相反，如果金融监管模式不适应金融发展的需要，那么金融资源的配置效率就低。因此，健全的、适应金融发展的金融监管模式对一国的金融资源配置效率非常重要。那么什么样的金融监管模式是适应金融发展状况的呢？本书从金融监管目标完成情况的角度考量，也就是金融监管的三大目标——金融安全、金融风险预防、金融效率——是否完成以及完成程度是多少来衡量金融监管模式的效率问题。结合之前论述的影响金融监管模式演变的七大因素——经济环境因素、交易成本因素、合作激励机制因素、技术因素技术、法律因素、意识形态因素、外部利益内部化因素以及金融监管中所涉及的实际问题，分别进行归因处理后，得出以下金融监管目标及其子目标，对金融监管模式效率问题的衡量标准也演化为对以下金融监管目标的完成情况。

首先是金融安全目标。一个金融监管模式是否适应金融发展的需要，最先要看在该监管模式下金融系统的稳定与安全是否能得到保障，即是否能发挥一个制度的最基本的社会职能——安全保障。金融监管产生的初衷就是维护金融系统的稳定，保障社会经济秩序顺畅运行,预防并降低金融风险,控制金融业的内在不稳定性,因此金融系统的安全与稳定问题是衡量一国金融监管模式是否适应经济金融发展的重要指标。而且伴随互联网计算机技术和金融科技的普遍运用,金融风险出现了国际化、高科技化的特征,对金融监管也提出了更高的要求。面对当前复杂的国际经济金融形势,各国金融监部门应相互协同合作,及时交换信息,建立稳定的国际金融风险监管联合机构或组织,共同完成对国际化、高科技化的金融风险的预防与监管工作。根据金融业务的实际情况,金融安全目标设立了存款人和投资者信心、货币政策实施、市场准入和退出、突发事件的处理和金融犯罪的减少五个子目标。

其次是金融风险预防目标。实施金融监管的目的不仅是发生了金融风险之后采取补救措施,更重要的是在金融风险刚有苗头但尚未发生时就及时控制住,所谓"治已病不若治未病",防金融风险于未然才是金融监管主要的目的,因此金融风险的预防是衡量金融监管模式效率的重要指标。为了达到这一目标,金融系统需要建立完善的法律法规体系与内控机制,明确各个监管机构的目标与责任,建立完善的金融风险监管事前预防与事后控制管理制度,完善信息披露制度,保证金融信息的及时完整与共享渠道畅通。据此金融风险预防目标设立了内控机制、风险管理、信息披露、风险传递控制程度四个子目标。

最后是金融效率目标。金融监管模式是否适应金融发展的需要还要看该模式下整个金融系统的金融效率是否有所提高。金融监管和金融效率之间的关系并不总是正相关的,二者之间也可能存在冲突。适度的金融监管会提高金融效率,过度的或不足的金融监管会降低金融效率。金融监管本身是市场手段的补充,通过政府的干预,避免单纯的市场机制造成资源的浪费,从这一角度而言,金融监管具有帕累托改进的性质，是会提高金融效率的。从另一角度来说，正是由于比如存款保险制度等金融监管政策的实施，使投资人或存款人认为自身的投资或存款是安全的，使金融机构增加其进行风险较大的投资的可能性。金融监管政策实施的主要目的是提升存取款人和投资人的信心，保障其利益不受侵害，但同时也增加了金融机构进行风险更大的投资的资本，而且过度的边界不清的金融监管会降低金融创新的积极性以及重复监管、监管真空情况的出现，所以从这个角度而言，金融监管对金融效率也有负面的影响。所以如果在某一个金融监管模式下，可以增加金融在整个国民经济中的比重，有效降低金融业务或金融工具的交易费用，提高储蓄投资转化率，优化金融资源的有效配置，促进金融产品或金融工具创新，加速金融制度创新和资源创新，有效避免监管真空和重复监管，保护金融市场自由竞争，尽量避免金融垄断的形成，那么可以说这种金融监管模式就是有效率的。因此，依上所述，将金融效率目标进一步分解为监管成本、监管真空、重复监管、金融创新、市场竞争五个子目标，通过这些目标的完成情况来衡量金融监管模式的效率问题。

2.2

文 献 综 述

2.2.1　国内研究

2.2.1.1　运用模糊层次综合评价法分析监管效率

当前运用模糊层次综合评价法（FAHP）专门研究监管效率问

题的文献比较少，但是这种方法在多领域都有应用。郑征（2020）在《如何科学评估新三板企业实物期权价值——基于期权定价理论与模糊层次分析模型》一文中，基于 2013～2018 年的新三板企业数据，借鉴实物期权与模糊理论，构建改进型模糊层次分析模型，甄别出企业期权价值影响因素，界定因素权重排序，验证研究假设的合理性与回归结果的稳健性。陈平花、陈少晖（2019）在《企业自主创新的税收优惠政策激励效应评估——基于模糊层次分析法的实证分析》一文中，首先运用层次分析法从政策分布合理性、工具应用科学性、政策柔性、政策执行及效果四个维度构建激励企业自主创新的税收优惠政策评价体系，然后以福建省 376 家企业的问卷调查数据为样本，运用模糊综合评价法评估政策的激励效应。李尚远（2019）在其硕士论文《我国互联网金融风险评估及防范对策研究》中基于对互联网金融风险类型的识别，以定性与定量结合的层次模糊评价法评估当前我国互联网金融风险，构建了我国互联网金融风险评估体系，利用层次分析法和模糊综合评价法，对互联网金融风险进行了综合评估。宋加山、沈佳（2010）在《基于 AHP 方法的四川省金融绩效评价研究》中将 AHP 模型引入金融效率的评价，对四川省金融机构的金融效率有关指标进行比较分析，测度了四川省的金融效率及金融业各项投入指标的相对有效度，并提出针对性对策和建议。

水静（2020）在《甘肃省中小物流企业联盟伙伴选择策略研究》中根据甘肃省中小物流企业数量众多、单个企业服务建设不完善等特点，提出了建立动态物流企业联盟的思路，同时建立了一套简单易行和操作性较强的盟员选择指标体系，利用 FHAP 为甘肃省中小物流企业联盟的盟员选择提供了相应的思路和办法。宁铁娜（2020）在《京津冀区域物流配送体系绿色度评价指标研究》一文中，通过构建京津冀区域物流配送绿色度评估模型，并运用 FAHP 进行分析，指导我国京津冀区域物流配送绿色化发展的实践。苏丹丹、岑伟慎（2020）在《基于模糊层次分析法的物流配送模式选择研究》中构建影响配送模式选择的指标层级，运用模糊层次分析法分析得出最优物流配送模式。韩启昊（2020）在《基于模糊层次分析法的河南省农产品冷链物流综合评价》一文中运用模糊综合评价法进行分析，并提出了降低物流成本、加强基础设施建设、培养冷链物流专业人才等提升河南省农产品冷链物流发展水平的建议。梁栋、朱兴贝和邬岚（2021）在《基于模糊层次分析法的高铁货运物流方式选择》中基于影响托运人选择的不同物流方式因素，采用模糊层次分析法分析各不同物流方式影响因素，采用 Logit 模型构建基于托运人的高铁货物物流方式选择模型，给出最适合托运人的物流方式。

何佳玲、王静和谢萍（2020）在《乡村振兴背景下云南农地"三权分置"可持续发展评价及对策》中基于乡村振兴战略的发展要求，以云南省农地"三权分置"的可持续发展水平为目标层，以集体土地所有权、农户土地承包权、土地流转经营权为要素层，构建了云南农地"三权分置"的可持续发展评价指标体系；运用模糊层次分析法开展了量化评价，综合评估了云南农地"三权分置"可持续发展的总体情况。唐宝杰、李强（2020）在《我国基层产业扶贫措施效果评价研究——以凤阳县为例》中利用模糊层次分析法和实地调查法计算出指标权重，得出结论并提出相关建议。王冬屏（2020）在《农村电子商务产业集群影响因素的层次分析》中运用层次结构分析方法，对当前我国农村电子商务产业集群的影响因素进行探索，并采用模糊层次分析法研究了各个影响因素的权重，并针对市场需求进行农村电商发展规划。

郭冬梅、王殿武（2020）在《基于模糊层次分析法S康养集团公司的安全管理风险评估》中基于模糊层次分析法，以S康养集团公司为研究对象，构建了安全风险管理的风险指标体系，评估该指标体系的一级、二级风险因素，为S康养集团安全风险管理工作中制定安全控制措施提供可靠的依据。梁田（2021）在《基于模糊层次分析法的公路造价风险评价研究》中选择模糊层次分析法构建风险评价研究模型，通过对公路工程项目建设周期风险进行归类分析及项目模型运用，评价各项风险发生概率和严重程度，验证了此模型在造价风险评价中的可行性，为项目管理单位进行造价风险管理决策提供了思路。李云（2020）在《基于FAHP评价法的PPP项目风险评价研究》中运用模糊层次评价法对PPP项目案例的因素指标进行定性分析及定量计算，得到一级风险因素评价指标的风险评价得分及风险大小排序，为PPP项目的风险决策提供了依据。练建军、陈波、盛广宏、王诗生和贾勇（2020）在《基于模糊层次分析的环保设备专业人才培养质量评价》中以环保设备工程专业的社会需求为导向，从基础素质、专业能力和拓展能力三个维度构建了13个二级指标组成的人才培养质量评价体系。使用模糊综合评价法、数据包络分析法及层次分析法对该专业在校师生的调查问卷进行了评价和分析。

2.2.1.2 运用目标完成程度法分析监管效率

周道许（2000）在其论著中讲到，传统的成本收益直接测量法由于不能够准确衡量金融监管的收益以及很大一部分成本，因而其操作性较差，由此他提出了另一种评价银行监管效率的方法，即在监管目标能够明确的前提下，将目标完成程度与成本进行对比，从而衡量监管效率。这一评价观点被一些学者称为成本有效性分析。

学者们提出的对银行监管效率进行评价的方法——目标完成程度法，正是成本有效性分析法的一种应用。当评价目标中包含了成本与收益时，目标完成程度法即可替代成本有效性分析法。陈菲、姜旭朝（2009）在文章中直接将银行监管效率定义为银行监管目标完成程度，在这一定义基础上构建银行监管效率评价模型，采用专家评分法对监管目标权重赋值，再用因子分析法对每一指标权重赋值，进而对我国 1998～2007 年的银行业整体相关数据进行实证分析，研究结果显示，我国银行业整体监管效率在研究年限内呈现曲折上升态势：1998～2003 年稳步上升，2003～2005 年出现下降，2005～2007 年略微上升。刘敏、杨盛兰（2010）同样采取目标完成程度法，根据减少监管成本、放大监管收益的思想构建我国银行监管有效性的指标评价体系，并运用该体系对我国银行 2003～2007 年的监管有效性进行实证研究，结论显示，2003～2007 年我国银行稳定性指标表现好，银行监管成本保守估计每年至少需要 450 亿元，银行监管是有效率的。

2.2.1.3　从博弈论的角度分析监管效率

在金融监管的博弈活动中，主要涉及四方面——政府、金融监管机构、金融机构及社会公众之间的关系，包括政府与金融监管机构之间的关系、金融监管机构与金融机构之间的关系、金融监管机构与社会公众之间的关系、金融机构内部之间的关系，其中金融监管机构与金融机构之间的关系是这诸多委托代理关系中的核心。图 2-2 是对上述金融监管多层委托代理关系的表述。

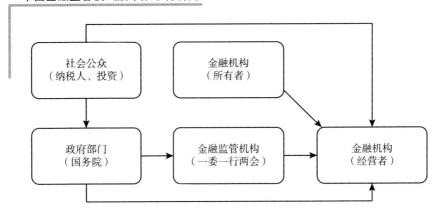

图 2－2　金融监管多层委托代理关系

注：箭头方向表示从委托者到代理者之间的关系。

从博弈论的角度分析监管效率主要可以分为以下四类。

（1）监管机构与被监管金融机构之间的博弈。郭根龙、冯宗宪（1999）从信息经济学的角度提出了进行有效金融监管的信息学手段或方法；谢平、陆磊（2003）就金融监管部门的腐败行为进行了理论和实证研究，通过建立监管当局与被监管对象的跨时博弈模型，分析金融监管腐败的一般特征——胁迫与共谋；刘晓星、何建敏（2004）对我国金融监管运行机制进行了博弈分析；李明扬（2006）的研究表明，中央银行作为最后贷款人的角色从客观上起到了为金融机构的道德风险保驾护航的作用，因此最好从被监管的金融机构本身的利益入手，调动金融机构在保持低风险的情况下盈利的积极性，在此基础上再由中央银行进行约束；张仰谦、叶民强（2007）运用博弈论研究金融监管机构与被监管金融机构之间的寻租问题；王明国、王春梅（2009）从博弈论角度分析由于金融市场参与者各方的信息不对称与目标不一致所导致的监管者与被监管者之间的博弈关系；吴桐、徐荣贞（2010）以金融危机为背景运用博弈论研究金融监管的外部机制与内部机制的协调与统一。

（2）监管机构和社会公众之间的博弈。王定元（2001）在研究中指出监管者与被监管者之间的博弈导致了金融市场投资主体的违规现象普遍存在；蒋海、刘少波（2004）指出在信息不对称条件下，金融监管者的目标会偏离，导致监管者提供有效监管的激励不足和监管的低效率；饶育蕾、王颖（2011）首先从博弈论角度建立监管条件下金融消费者、金融机构和监管者之间的多方博弈模型，再从信息经济学的角度分析信息结构对委托代理关系、金融监管博弈以及社会整体福利造成的影响。

（3）监管机构内部博弈。王振富、冯涛（1999）从博弈论角度分析了我国在金融监管法律层面的目标矛盾性和多重性、金融监管机构内部博弈对监管的削弱、金融监管方与被监管方的同谋行为伤害投资者利益的委托代理难题；陆磊（2000）分析了信息非对称和利益集团对金融市场和消费者利益的负面影响；李成、马国校和李佳（2009）运用博弈论论证我国金融监管机构之间的监管协调行为，得出我国金融监管协调机制低效率及金融监管博弈中存在"搭便车"问题的结论。

（4）政府与监管机构之间的博弈。江曙霞、郑亚伍（2012）专门针对监管者的道德风险问题，研究监管者在不同信息背景下委托代理关系中的行为决策，并提出改进激励机制设计的意见建议。

2.2.1.4 从成本收益的角度分析监管效率

基于成本收益分析方法的监管效率评价方法为成本收益直接测量法。在理论方面，很多学者，如陈建华（2002）、程吉生（2003）、罗春华（2004）、苏宁（2004）、王晓春（2007）、常阿丽（2005），以及王中华、张彦（2003）等都将银行监管效率定义为监管成本与监管收益的权衡，因而在实证方面大多数人也遵循了这一传统的思路，以效率定义为切入点，选用了成本收益直接测量法进行实证研究。秦婉顺等（1992）以金融监管的成本—收益模型为研究基础，认为金融监管当局出于自身价值追求的原因会加大监管力度，使实际实施的金融监管强度大于客观形成的均衡监管强度。李念斋、万喜乔（1999）认为判断金融监管效率必须进行监管成本收益分析。陈建华（2002）认为对金融监管绩效的评价脱离不开对金融监管主体即金融监管当局绩效的评价，他从政府、监管对象、消费者和社会舆论等方面以监管者满意度为内容设计了金融监管绩效的评价指标。阎庆民（2002）认为银行监管效率评价标准包括银行监管机构在处理有问题银行和化解银行风险时的工作效率以及银行在促进经济发展方面的贡献程度两个方面。刘有鹏、晏宗新和周闽军（2005）粗略估计了我国 1994 年至 1997 年间银行管制的直接成本，应用成本分析方法指出我国银行该期间管制成本很高且逐年上升，并用定性法判断出我国银行监管效率低下。孟艳（2007）通过深入研究美国金融服务局对金融监管成本的划分方法，同时结合我国银行监管实践，设计出了一套评价我国银行监管成本的指标体系，这个指标体系主要是从直接成本、间接成本以及扭曲成本三方面进行分析，并且使用相应计量法计算我国银行监管成本，结论是我国危机成本低于监管成本。唐立芳、周洁（2007）通过对我国实际情况的分析，提出了符合我国国情的银行监管成本内涵及构成，同样用回归法对我国银行监管中的直接成本进行估量，紧接着采用定性分析法从银行资本充足状况、贷款发放情况以及业务创新等几个方面研究银行监管的间接成本，结论指出我国银行监管成本处于较高位置。王飞（2008）运用成本分配方法（cost allocation methodology）对我国银行合规性成本进行测度分析。采用成本收益直接测量法评价银行监管效率的研究还在逐渐被更多学者选用，但由于监管成本和收益量化难度很大，尤其是后者，所以成本收益直接测量法的实证操作性很低。

2.2.1.5　从其他角度分析监管效率

（1）基于成本有效性分析方法的监管效率评价。中国人民银行朔州市中心支行课题组在 2002 年对金融监管有效性的影响因素展开研究。周道许（2002）认为传统的成本收益分析方法可行性较差，准确衡量金融监管收益很难实现，为此，他提出了一种替代性的思路，即在无法确定某公共项目具体收益时，用目标的完成程度与付出成本的比例作为衡量监管有效性的标准。孟艳（2007）认为银行监管有效性是以较低的成本实现公利目标，通过有限的实证分析指出我国银行监管在支付了高额成本以后只是中等或低水平地达到了监管目标，进而得出银行监管是低效的结论。

（2）从金融政策角度分析监管效率。谭彦璇（2014）在《基于模糊层次分析法的支持小微企业金融政策的综合评价》中运用模糊层次分析法构建小微企业金融政策综合评价体系，评价四种不同金融政策（包括贷款、税收、政策性拨款、创业金融）的作用效果，根据研究结果提出针对不同金融政策进行改革以促进小微企业发展的建议。

（3）从金融机构效率角度分析监管效率。鲁明易（2006）认为金融监管法律法规对金融市场和金融机构提升金融效率的积极影响并不显著。王棋（2012）在《中国商业银行监管效率实证研究——基于目标完成程度的评价方法》一文中从银行监管成本收益的基本思想出发，利用监管目标的完成程度来衡量我国银行监管效率。在用监管目标体系衡量我国商业银行监管效率时，采用了两个目标体系：稳定性和效率性并重的目标体系，稳定性、效率性和发展性并重的目标体系。

（4）从金融市场效率角度分析监管效率。吴世农（1996）以有效市场假说为基础，针对我国金融市场效率进行实证分析，得出我国金融市场的市场机制较完善、金融监管政策有限影响的结论。傅德伟（2005）以分形市场假说和混沌理论为基础，运用数理统计手段，研究分析金融监管对股票市场效率的影响，得出结论：金融监管对金融效率的提升有积极作用。

（5）从审计的角度分析监管效率。朱莉敏（2018）在其硕士论文《国家审计促进地方金融监管效能提升的路径研究——以 G 省现货交易金融审计为例》中，从国家审计角度提出国家审计对金融监管效能有促进作用，地方金融监管责任的落实、地方金融监管制度的完善程度、地方金融监管对象的混业程度、地方金融监管的保障程度都对地方金融监管起到重要的影响，提出从审计角度提升地方金融监管效能的路径。倪筱楠、黄贤环（2015）在《基于模糊综合评价的国家审计治理能力研究》中将模糊综合评价分析法和层次分析法结合起来，构建用来评价我国国家审计治理能力大小的内在和外在治理能力指标体系，有利于提升我国整体国家审计治理能力。

（6）从监管模式的角度分析监管效率。王琼（2018）在《中国金融监管模式的现状及发展》一文中分析分业监管模式在当前金融环境下存在的问题：金融监管部门之间的信息交换不畅、监管成本较高；分业监管的法律法规不完善，监管制度建设滞后；监管机构协调性差，存在监管重叠和监管真空，并以此为基础对我国金融监管模式的未来发展做出了展望：建立统一的信息共享机制；建立各机构之间的协调机制；中央银行彻底独立，专司货币政策的制定与执行；统一监管阶段。

（7）从资本充足率监管有效性角度分析监管效率。江曙霞

（1994）使用美国 20 世纪 80 年代的金融数据实证分析资本充足率监管对提高资本比例、防范金融风险的作用。从事该方面研究的其他学者主要有陈建华（2002）、余元全（2003）、庄海波（2003）、李雅珍和郭斌（2001）、李宗怡和冀勇鹏（2002，2003），梁媛（2003）等，各位专家学者根据不同的数据基础从不同研究角度进行分析，因此得出的结论也各有不同。

2.2.2　国外研究

不同金融监管模式下的金融监管效率问题研究主要是从理论研究和实证分析两个方面展开。金融监管模式和金融监管效率理论已经建立起比较完善和成熟的体系，在金融监管理论发展过程中形成了社会利益论、资本充足性监管理论、金融脆弱说、管制寻租理论和金融自由化与审慎性监管理论，下面逐一进行阐述。

2.2.2.1　金融监管理论学说

（1）社会利益论。社会利益论是指为了社会公共福利，市场的参与者会要求政府参与到社会经济管理中来，以期通过政府参与管理来提高社会资源的使用效率，避免资源浪费和社会福利水平的降低。该理论运用到金融领域，金融领域也同样具有市场缺陷问题，同样具有内部效应或内部不经济、外部效应、外部不经济以及自然垄断和资源不当配置等问题，因此引入金融监管的理念与操作来优化金融领域的资源配置，稳定金融秩序，保护投资人、存款人的基本权益。

金融领域的内部效应主要是指在金融交易中交易者所承受的潜在的、没有明确说明的交易成本。引入金融监管手段，一方面防止

"搭便车"现象带来的负激励效应，另一方面可以通过金融监管披露更多的金融机构的财务信息、资信状况、评级等级等信息，尽量给投资者提供更为透明的金融环境，打破金融信息不对称造成的交易壁垒，最终实现资源的有效配置。金融领域的外部性或外部效应是指，由于信息不对称，存款人不能充分了解金融机构的信息，在金融竞争过程中有可能出现挤兑现象。由于金融风险的外溢和传导性，这种个别金融机构的危机很有可能传递或波及其他金融机构，甚至波及整个金融系统，可以说在金融体系内各金融机构之间的关系是一荣俱荣、一损俱损，引入金融监管可以尽量避免这种情况的出现。

还有金融业的自然垄断问题。金融行业具有典型的规模经济的特征，因此金融机构即使是在自由竞争状态下也会自然形成垄断，而垄断的形成会导致社会资源的低效配置，融资成本提高，金融服务质量下降，从而降低整个社会的总福利水平，因此引入金融监管可以防止自然垄断的产生。最后是金融业的社会性问题。伴随金融创新与金融全球化进程的加快，金融业本身也面临着翻天覆地的变化，金融业务的种类、操作方式、表现形式、作用领域和范围等都在变动，这些不确定性都意味着金融风险的加大。因此虽然保证金融业的稳定在整个经济生活中很重要，但由于干扰因素太多，却很难达到一个理想的水平，因此引入金融监管的力量加以约束和制衡。

（2）资本充足性监管理论。资本充足性监管理论主要是针对商业银行防范金融风险、维护金融系统稳定的问题提出的，旨在用一定的资本充足率要求来保障金融风险发生时存款人或投资人的利益。科恩和桑特米诺（Koehn & Santomero，1980）、金和桑特米诺（Kim & Santomero，1988）提出因为当前各国的资本充足率要求基本稳定而且对安全性要求较高，这就大大限制了金融机构的盈利水平，这样会使金融机构可能选择风险水平更高的资产组合来弥补自己的损失，增加产生道德风险的可能性。基莉和芬隆（Keeley & Ferlong，1990）对此持相反意见，罗切特（Rochet，1991）认为金融机构资产多样化组合时，资本充足性管制会降低金融机构的风险倾向性。芬隆（Ferlong，1988）和谢尔顿（Sheldon，1996）对此进行了实证研究。芬隆经研究后得出结论：不能确定是资本充足管制的原因导致金融机构风险取向的提高。谢尔顿通过对美国金融业数据的研究得出相同结论，而其对于日本金融业数据的研究得出的结论是随着金融机构资本充足率的提高，金融机构的风险取向反而降低了。哈瓦金米安和凯恩（Hovakimian & Kane，2000）对美国商业银行业实证研究的结果显示，资本充足性管制没有降低商业银行的风险取向及向存款保险机构转移风险的意愿。莱姆（Rime，2001）通过对瑞士银行业进行实证研究认为二者不显著相关。基莉和芬隆（Keeley & Furlong，1989）的研究证明银行资本充足要求会降低银行的风险取向。

弗兰纳里（Flannery，1989）的研究证明资本充足监管会导致银行更高的风险取向。科恩（Koehn，1980）、圣多美罗（Santomero，1988）、罗切特（Rochet，1992）认为对风险资产权重的不合理界定会导致银行更高的风险取向。也有学者认为资本充足率管制措施降低了监管激励，导致银行资产质量的下降，持有这种观点的学者有贝桑松和卡纳塔斯（Besanco & Kanatas，1993）、布特和格林鲍姆（Boot & Greenbaum，1993）。德瓦特里庞和泰勒尔（Dewatripont & Tirole，1993）认为监管作为金融机构控制权的一种表现形式，会直接影响金融机构管理层的激励机制。以上都是从静态的角度对监管和金融机构风险取向之间关系的论述，泽格·布鲁姆（Jurg

Blum，1998）利用动态博弈模型分析一家金融机构在有监管和没有监管情况下的不同决策，进而推及所有金融机构在该情况下的决策问题。

（3）金融脆弱说。金融脆弱性（financial fragility）是指金融行业由于高负债的固有特征所导致的自身周期波动、道德风险、监管疏漏、债务危机、企业破产倒闭及金融危机等问题。金融脆弱性理论由海曼·P. 明斯基（Hyman P. Minsky）在 1982 年研究"金融不稳定假说"问题时首次提出。二人认为金融机构本身具有逐利性的本性，资本本身追逐利润最大化的过程中会产生风险性更高的业务和活动，从而引起正金融系统的不稳定，进而论证了金融监管的必要性。另有弗里德曼（Friedman，1912）和施瓦茨（Schwartz，1986）以及戴蒙德（Diamond，1937）和拉詹（Rajian，2001）从金融机构流动性方面论述金融系统的脆弱性，借短贷长、偿还期限不匹配造成的流动性风险；部分准备金制度要求金融机构存在一定比例的非流动性；金融资产的负债性质加剧金融风险在金融机构之间的传导问题；网络金融对实体金融的替代和竞争。卡夫曼（Kaufman，1996）从系统性风险的角度分析金融机构尤其是银行业相较于经济体系中的其他行业来说更容易面临危机，而在金融体系中，单个的金融机构相较于多家金融机构来说也更易遭受金融危机的冲击。低资本资产比或高杠杆率会导致抗风险能力的降低，低现金资产比率导致发生风险或危机时金融机构会不得不动用其他资产进行变现来保证基本流动性需求，尤其在负债结构中短期负债占比较高时。金融机构互相持债、持股的现状使金融危机传递的范围和程度都大大增加，容易出现连锁的"技术性破产"。戴蒙德和迪布维格（Dibvgr，1983）在银行挤兑模型中论述银行作为现代金融机构的主要形式，主要职能是将不具有流动性的资产转化为具有流动性的资产，这种特性也导致其容易产生挤兑行为，从而侧面论证了金融监管的必要性。曼昆（Mankiw，1986）从信贷配给的角度创建金融危机模型，论述逆向选择会使信贷市场由于融资利率提高进而导致融资成本提高而崩溃，从而产生金融危机。伯南克（Bernake，1989）和格特勒（Gertler，1990）论述了道德风险会影响借款人的信贷价值进而影响宏观环境。班纳吉（Banerjee，1992）、比克昌丹尼（Bikchandani，1992）、卡普林和莱希（Caplin & Leahy，1994）、李（Lee，1997）、沙星和基欧（Chari & Kehoe，1989）等从"羊群效应"角度论证了在宏微观环境都较为健康稳定的环境下"羊群效应"会对银行业造成挤兑，从而产生金融危机。

（4）管制寻租说。寻租理论最早是源于被称为寻租理论之父的戈登·图洛克（Gordon Tullock）在1967年的一篇论文——《关税、垄断和偷窃的福利成本》，后由美国经济学家克鲁格于1974年作为专业概念正式提出，广义上的寻租是指在社会生活中非生产性活动对既得利益进行再分配的追求经济利益的社会活动，狭义的寻租主要是指利用行政权力来影响生产要素的自由流动或自由竞争来获取或维护既得利益。又有美国银行家麦克切斯尼（1987）根据寻租的基本理论，提出创租和抽租理论。创租主要针对通过行政手段攫取额外利益，抽租主要是指通过政策胁迫来获取利益，二者都会迫使私人企业出让部分利益给政府部门，从而破坏资源的有效配置，造成社会资源的浪费。金融监管作为金融领域的管制行为，也同样存在寻租的可能性，影响金融资源的有效配置，造成金融资源的浪费，影响金融领域的公平与效率。

（5）金融自由化与审慎性监管理论。审慎性监管理念的提出是以全球金融自由化浪潮为背景的。威廉姆森（Williamson，1998）提出审慎性监管和金融自由化之间的关系是有效的审慎性监管，是金融自由化的前提。米什金（Mishkin，2001）提出金融监管与金融自由化之间的发展顺序应该是首先需要保证宏观经济环境的稳定，其次是加强审慎性监管，最后才是金融自由化。"华盛顿共识"（Washington Consensus）提出具有帕累托改进作用的金融自由化在审慎性监管的框架中也是可以鼓励的，金融自由化中所面临的金融风险可以通过金融监管来进行防范。

2.2.2.2　金融监管效率实证研究

（1）从金融监管治理评价的角度衡量金融监管效率。利维和斯皮勒（Levy & Spiller，1994）提出监管治理措施应该考虑到制度背景。斯特恩和霍尔德（Stern & Holder，1999）提出监管治理框架包括自治权、参与性、透明度、角色和目标性、责任性和可预见性等。卡夫曼等（Kaufmann et al.，2010）提出全球治理指标项目六大维度：话语权和责任、政治稳定性和不存在暴力、政府效率、规管质量、法治和腐败控制。达斯和昆丁（Das & Quintyn，2002）首次界定了"金融监管治理"这一金融范畴，并给出了界定良好金融监管治理的四大核心要素：独立性、问责制、透明度、操守。昆丁和泰勒（Quintyn & Taylor，2002）也提出了二维度标准：独立性标准；有效负责和尽职安排的九条标准。在进一步的具体研究中，桑得拉拉杰姆等（Sundararajam et al.，2003）创建了金融监管透明度指数，丁瑟尔和艾肯格林（Dincer & Eichengreen，2009）使用15个指标对100多个国家的监管机构的透明度进行检验。昆丁等（Quintyn et al.，2003）使用责任性指标和独立性指标对进行金融体制改革的32个国家的金融监管效率进行评估。齐莉格和诺沃亚（Seelig & Novoa，2009）的调查表明，约有3/4的金融监管机构认为是法律赋予并保障了其监管决策的独立性。昆廷（Quintyn，

2011）研究后发现金融监管框架在经济恢复中发挥作用的程度和政府部门的监管质量相关。罗森布鲁斯和沙普（Rosenbluth & Schaap，2003）认为金融监管对金融业形成的各项限制政策包括利率管制、行业许可、服务范围等，保证了银行对市场的控制地位，形成了在金融监管供求市场中金融监管供给小于金融监管需求的局面。

（2）从金融监管的成本和收益角度来衡量金融监管效率。赫林和圣多美罗（Herring & Santomero，1995）论述了在经济活动中金融部门的角色与功能及其最佳金融监管模式和最优监管效率。舍温（Sherwin，2006）在研究中指出，量化的金融监管成本和收益可以增进社会福利和提高金融市场效率。艾伦（Allen，1999）在研究中对比监管机构和市场对企业绩效评估的正确性和时效性，得出监管机构评估和市场评估相关性不大但和评级机构评估互补的结论。埃里豪森和劳莱（Elliehausen & Lowrey，2000）通过实证分析储蓄法案的合规成本，认为法案的颁布对金融机构的合规成本有很大影响，也同时会影响到未实施法案的金融机构，因此建议监管法律法规的制定与实施不宜频繁变动。雅各布·普拉什（Jacob Paroush，1988）通过监管的多米诺骨牌效应研究，论证银行监管的必要性，并提出了一个测度方法来测度银行监管的必要性。

（3）从微观金融机构效率和宏观金融效率角度分析金融监管效率。叶等（Yeh et al.，2010）运用 DEA 效率分析法和 Tobit 回归模型来度量金融机构效率。莱文（Levine，2004）研究了经济与金融系统运行效率之间的关系问题。哈克和尼奥斯（Harker & Zenios，2000）通过对金融机构业绩的三因素分析，提出放松金融管制会提高金融效率。巴斯和卡普里奥（Barth & Caprio，2003）和莱文（Levine，2004）分别以 152 个国家和 107 个国家的商业银行为例实证分析银行监管的有效性问题。丁瑟尔和亚普蒂（Dincer & Neyapti，

2005）对 23 个转型经济体国家进行实证分析，认为对于这些转型经济体国家来说，银行监管和真实 GDP 正相关。并在 2008 年通过对发达国家和欠发达国家的银行监管质量实证研究证明金融市场发展、经济危机及外资流入所引起的流动性或货币量的变化比政府行为和宏观经济水平对银行监管的影响大。

（4）从金融市场效率角度分析金融监管效率。罗伯特（Robert，2000）通过研究英国股票市场验证了金融监管对金融的稳定与发展有一定的促进作用。彼得斯（Peters，1994）建立了分型市场假说（FMH），通过对标准普尔 500 的实证分析，认为美国金融监管还有待加强。

2.2.3 研究评价

综上所述，国内外对金融监管模式的效率问题有多层次、多角度的研究，本书将国内研究分别从运用模糊层次综合评价分析法、目标完成度分析、金融监管博弈论、成本—收益比较等多角度进行介绍，其中的模糊层次综合评价分析法是本书进行实证分析所主要使用的方法，如文献综述中所述，这个方法在当前的多个领域都有所采用，可见其对不确定性分析的重要性和实用性。目标完成度分析是本书将金融监管效率分析转化为金融监管目标实现程度分析的理念来源所在，当前已有很多学者在使用这个方法进行有效性和效率问题的分析。金融监管博弈的理念是当代金融监管的基本思想，金融监管博弈过程中各监管机构、被监管金融机构、政府部门、投资者相互之间的博弈关系体现在金融监管活动的各个层面，在本书中也有所体现。金融监管效率目标模型中的存款人和投资者信心、货币政策实施、金融风险等项目都涉及监管部门、被监管金融机构、投资者，都是金融监管博弈中的各方代表。成本—收益分析是对金融机构或金融业务进行效益分析时常用的分析方法，在使用中常常会借用大量的数据说话，具有一定的客观性和说服力，国内很多学者采用这种方法进行政策和行为的有效性和效率研究。还有很多其他的方法和理念的实施在我国当前的金融监管效率研究中都有所体现。国外的金融监管效率分析多是在基础监管理论的基础上进行实证研究。笔者认为金融监管模式的监管效率问题更多关注的是国家宏观经济金融政策的实施效果，单纯从资金成本和收益的角度难以全面衡量，因此本书综合采用模糊层次综合评价分析法，将多元素纳入数学模型，化主观意识为具体数字，对我国金融监管效率问题进行较为全面直观的数字化研究，希望可以用所学知识为改进我国金融监管模式、提升金融监管效率提出意见建议。

第 3 章

我国金融监管模式的
发展历程与主要问题

3.1

我国金融监管模式的发展历程

我国金融监管模式的历史变迁过程自中华人民共和国成立前夕开始，大致可以分为四个阶段，每个阶段都是根据当时的历史状况设立金融监管模式，并有其自身特点。其时间划分如下：第一阶段，计划经济时期（1948~1978年）；第二阶段，中国人民银行统一监管时期（1978~1992年）；第三阶段，分业监管时期（1993~2016年）；第四阶段，双峰监管时期（2017年末至今）。

3.1.1 第一阶段，计划经济时期（1948~1978年）

在中华人民共和国成立前夕，由于连年的战争，中国经济还处于非常落后的状态，国内正常的金融体系尚未建立，迫于国内形势的需要，亟须建立我国自己的中央银行。在此背景下，1948年12月1日，以华北银行为基础、合并北海银行、西北农民银行，在河北省石家庄市组建了中华人民共和国成立后的首家中央银行——中国人民银行，负责发行人民币和执行中央银行职能，其内部机构设置如图 3 – 1 所示。这一时期的经济体制属于计划经济体制，金融体系的运行基本上是配合计划安排的执行，金融发挥主观能动性的作用受到限制。在这段时期，中国人民银行又经过数次的调整或改革，以保证内部组织结构适应其发挥中央银行作用、实施金融监管的职能。图 3 – 2、图 3 – 3（共 9 个内设机构）、图 3 – 4 分别是 1952 年、1954 年、1969 年中国人民银行的内部组织结构图，也记录了中国人民银行的改革发展史。

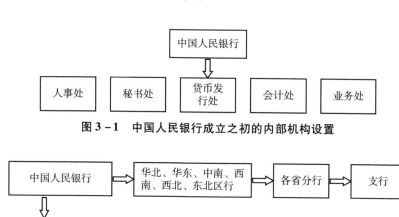

图 3 – 1　中国人民银行成立之初的内部机构设置

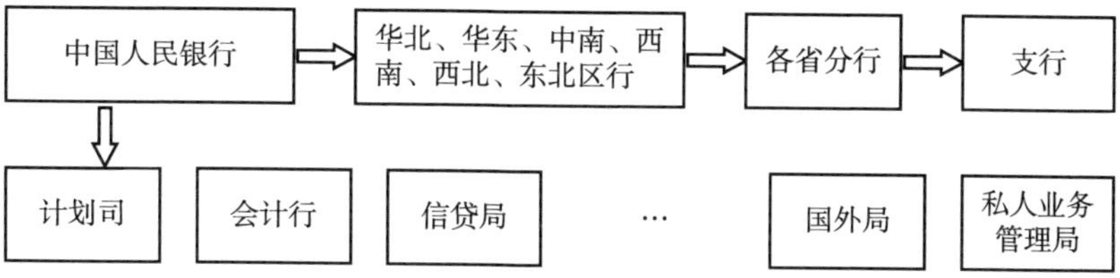

图 3 – 2　1952 年中国人民银行组织体系设置

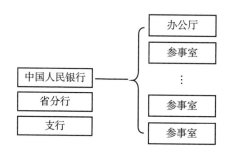

图 3 – 3　1954 年中国人民银行组织体系设置

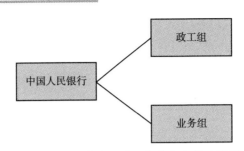

图 3-4　1969 年中国人民银行组织体系设置

3.1.2　第二阶段，中国人民银行统一监管时期（1978～1992 年）

1978 年在中国现代发展史上是一个具有里程碑意义的年份，在这一年中国开始实行改革开放政策，中国的经济模式发生巨大变化，中国经济发展进入了快车道，中国的金融监管体系基本建立，也形成了适应当时中国金融发展的金融监管模式——中国人民银行统一监管。图 3-5 是 1978 年中国人民银行内部组织体系设置图（共 14 个内设机构）。在这一时期，工农中建四大国有商业银行成立，也逐渐成立了其他的商业银行和新型金融机构，金融市场上形成了难得的竞争局势，为以后金融的发展奠定了基础，也打开了局面。

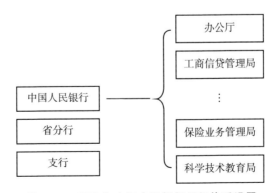

图 3-5　1978 年中国人民银行组织体系设置

到 1983 年，中国工商银行从中国人民银行中分离，意味着商业银行与中央银行的分立，也标志着我国现代金融监管模式初步建立。在当时的统一监管模式下，中国人民银行负责对所有金融机构和金融业务的监管，而且当时的人民银行还有商业银行业务，直到这时才将商业银行业务分离出去，人民银行专司中央银行职能。中国人民银行分别对银行业、证券业、保险业进行监督和管理，负责政策的制定与执行，商业银行主营银行业务，兼营信托等其他金融业务，此时的金融监管模式属于典型的统一监管模式下的混业经营混业监管金融监管模式。图 3 – 6 为此时期中国人民银行组织机构图。

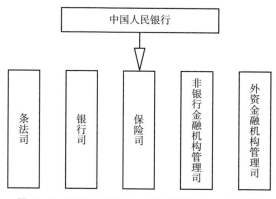

图 3 – 6　1985～1992 年中国人民银行组织机构

3.1.3　第三阶段，分业监管时期（1993～2016 年）

在该阶段，我国的金融市场发展非常迅速，各类金融衍生品逐渐出台，证券市场和保险市场尤为活跃，相应的对金融监管也提出了新要求。1992 年 10 月 26 日，中国证券监督委员会成立（以下简称证监会）；1998 年 11 月 18 日，中国保险监督委员会成立（以下简称保监会）；2003 年，中国银行业监督委员会（以下简称银监会）成立。自此，中国将对证券市场和保险市场的监管从中国人民银行的职能中剥离，形成"一行三会"的金融监管架构，中国"分业经营、分业监管"的金融监管模式基本完成。在"一行三会"中，银监会、证监会、保监会分别负责对银行业、证券业、保险业的监管。为了更好地进行监管机构间的沟通和交流，2004 年 6 月，"三会"联合公布了《三大金融监管机构金融监管分工合作备忘录》，建立"经常联系机制"和"监管联席会议机制"，从制度上保证金融监管机构间的沟通顺畅。

2003～2016 年，伴随我国市场经济深化改革，我国金融监管制度也逐渐从制度建立过渡到稳定发展阶段，并形成了新的中国金融监管框架——分业监管，并得以稳定发展。图 3 - 7 是 2003 年中国金融监管框架。在稳定发展时期的初期，金融监管模式适应当时金融业的发展状况，各方面发展良好，但是随着时间的推移和金融市场的进一步发展，一些弊端逐渐暴露出来，出现了监管机构之间的沟通问题、增加了金融创新成本、持续出现了"监管套利"和"监管竞争"问题。

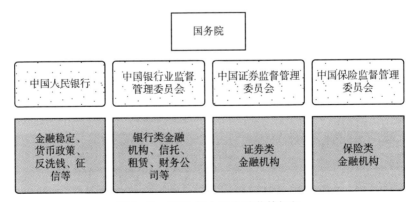

图 3 - 7　2003 年中国金融监管框架

3.1.4 第四阶段，"双峰监管"时期（2017 年末至今）

面对我国分业监管出现的新问题，经党中央、国务院批准，并贯彻落实第五次全国金融工作和十九大会议精神，于 2017 年 11 月 8 日在北京设立国务院金融稳定发展委员会（简称金稳委），并召开了第一次全体会议，新的金融监管框架和新的金融监管模式——"一委一行三会"正式确立。2018 年 3 月 17 日，十三届全国人大一次会议上通过了国务院机构改革方案，宣告中国新金融监管模式框架"一委一行两会"成形。"一委一行两会"是指国务院金融稳定发展委员会、中国人民银行、中国银行保险监督管理委员会和中国证券监督管理委员会。中国人民银行作为央行的职能将处于更超然的地位，主要负责金融宏观调控，制定货币政策，拟定银行业和保险业重要法规，审慎监管制度，防范系统性风险。原来的中国银行业监督管理委员会和中国保险监督管理委员会则合并组建成中国银行保险监督管理委员会（以下简称银保监会），主要负责银行业和保险业具体金融业务的监管，包括微观审慎监管、市场监督、投资者保护等。简言之，中国人民银行主要负责政策制定和审慎监管，银行保险监督管理委员会负责针对具体金融业务的监管。在"一委一行两会"中，金稳委处于重要核心位置，在各部门间发挥协调作用，主要体现在国内监管与国外监管的协调、外部监管与金融机构内部监管的协调以及监管机构之间的协调三个方面。

3.2

我国金融监管现状及目前存在的主要问题

3.2.1 我国金融监管现状

我国当前的金融监管模式处于第五个发展时期，即综合监管体系的形成与发展时期，"一委一行两会"是该时期的金融监管组织架构。2017 年末金稳委成立，2018 年初银保监会成立，至此，我国正式告别"一行三会"时代，进入"一委一行两会"监管时代。

3.2.1.1 央行主导金融业发展和稳定方针

正如前文所述，经过新一轮的金融监管模式改革，各个金融监管机构的职能进行了调整。在"一委一行两会"的新型组织架构中，由中国人民银行行使中央银行职能，主要负责金融宏观调控，制定货币政策，拟订银行业和保险业重要法规和审慎监管制度，这也是此次金融监管模式改革的重点。银保监会主要负责对银行业、保险业具体金融业务的监管，证监会主要负责对证券业务的监管，金稳委主要负责在央行和两会之间的协调工作。

3.2.1.2 "权力分离"——金融监管模式改革的核心

本次金融监管模式的改革的本质其实是"分权"，即立法权和执行权的分离。在此次改革后，央行负责制定银保监会实施金融监管时所采用的金融法律法规和政策，也就是主要承担立法权的职责。而金融监管法律法规的执行权则落在了实施具体监管职责的银保监会和证监会身上。"权力分离"会打破原有金融监管体系内的立法权和执行权集中于一个监管机构所可能引起的"部门利益法治化"问题,通过权力分离形成内部权力的制衡,打破部门利益,有效抑制金融腐败的产生。

3.2.1.3　转向混业监管和功能监管

本次金融监管模式改革的另一重要方面是从分业监管向混业监管过渡、从行业监管向功能监管过渡。由于互联网金融和金融创新的快速发展,很多新型的金融业务使传统的分业监管困难重重。同时,对于一些新兴的互联网金融业务,比如 P2P 和第三方支付等,因为是新出现的业务种类,尚未形成相关的法律法规来作为监管的依据。在保险领域也出现了一些新型的保险产品,和商业银行经营的理财产品非常相似,但是对银行业和保险业的监管规则是不同的,难免出现监管套利的现象。此次改革过后,银监会和保监会合并成为银保监会,从组织机构上堵住了监管套利的通道,降低金融成本,规避金融风险。

3.2.1.4　证监会保证交易平台的公开透明

本次金融监管模式改革将原来的银监会和保监会合并成银保监会,而证监会还是原来的体制模式。其主要的划分依据是对银行业务和保险业务的监管在自有资金、资本充足率、偿付能力等方面都具有相似性,而证监会的主要职能是监督证券公司是否能为投资者提供一个公平、公正、公开的交易平台,制度是否合理,是为了保护投资者利益而设立的机构。而且对证券公司的监管并没有最低资本的要求,监管的方式方法不同,因此将证监会独立出来是有依据的。

3.2.1.5 混业经营混业监管是金融监管未来发展方向

伴随金融科技、金融创新的飞速发展，原来的分业经营、分业监管已经不能适应当前复杂金融形势的需要，金融业不仅发展异常迅速，而且还在不断发展变化之中，混业经营混业监管是当前金融监管模式变迁的大趋势。证监会保持独立，足见此次改革对证券市场的重视，也表明了政府部门想要重用证券交易平台为企业融资，真正让老百姓把手里的钱拿出来、用出去，将储蓄转化为投资，大到支持国家的经济建设，小到支持企业发展。因此，混业经营混业监管将会是中国金融监管模式未来的发展方向。

3.2.2 我国金融监管存在的主要问题

当前，我国金融业发展具有鲜明的国际化、一体化、科技化的特征，金融混业化经营的趋势明显，我国金融业混业经营采取的主要形式是金融控股公司。按照母公司的身份背景不同，金融控股公司分为母公司是银行（比如中国建设银行、中银股份等）、非银行金融机构（比如平安集团、中信集团）以及非金融机构（比如新希望集团、鲁能集团）三种情况。对以上金融控股公司的监管与原来分业经营分业监管金融监管模式产生冲突，也说明原来的金融监管模式不适合当前金融业的发展现状，因此有必要依据当前的金融形势进行金融监管模式改革。

3.2.2.1 监管主体缺位问题严重

从我国金融监管体系的组织体系来说，每种金融业务都有其监管主体，按理说不会出现缺位问题。但是由于证监会、银保监会在省级以下地区并不设立分支机构，因此对于基层的证券公司和保险公司来说，监管不会那么直接深入，为金融风险埋下了隐患。而且金融控股公司等新型金融机构的出现，体现出现代金融监管模式不能适应现代金融发展与金融创新的需求从而降低了金融监管效率的问题。而且虽然为了便于沟通与协调，于 2004 年已经通过《三大金融监管机构金融监管分工合作备忘录》，建立了"经常联系机制""监管联席会议机制"和"定期信息交流"沟通机制，但是在实际操作中，由于监管机制只是建立了合作框架和渠道，并没有明确规定在沟通协作中具体由哪个部门牵头，或者规定什么性质的金融业务由哪个部门牵头，难免由于权责不明而出现重复监管和监管盲区。而且负责金融监管的各机构之间属于平级单位，没有隶属关系，相互之间的沟通缺少牵头人，所以在整个监管机制运行一段时间后就出现了沟通不畅的问题。2004 年起草《三大金融监管机构金融监管分工合作备忘录》与建立联席会议机制时，中国人民银行并未参与，难以高屋建瓴地从金融监管整体架构的高度与层次统筹建立监管体系，缺少整体性和完整性，实施的时候缺少政策层面的指导与方向性的把握，操作时又缺少牵头人，因此难以有效、高效地完成监管任务。因此，2017 年末成立金稳委，专门负责部门之间的沟通与协调。虽然 2015 年我国建立了存款保险机构，对金融投资者的权益有一定的保障，但在整个金融监管架构中缺少专业的行业自律协会，再者，虽然会计师事务所、审计师事务所等社会监管机构也有一定的辅助监管作用，但毕竟缺少金融领域的专业性、科学性和权威性。

3.2.2.2　金融监管内容和范围需完善

我国传统的金融监管体系发展较为滞后，监管内容主要是针对金融机构经营的合规性合法性、金融机构的准入，但是对金融机构的风险管理以及退出机制、金融投资人权益保护、金融信息等问题的监管政策较少。在监管过程中也主要满足金融机构的权益需求，较少考虑到金融消费者、投资者的权益，缺少客户投诉及回馈机制，难以切实保护消费者的合法权益。同时，金融监管的内容和范围中缺少金融信息的管理问题，导致了2004年德隆事件的发生。监管内容不完善、金融信息不畅通、监管机构相互间没有实现真正意义上的信息共享，导致无法追溯资金的来源与去向，在监管无作为的情况下最终导致了资金链的断裂与德隆事件的爆发。

3.2.2.3 金融监管法律法规体系不健全

金融监管机构实施金融监管的主要依据就是金融相关的法律法规，完善的金融法律法规是一国实施金融监管的前提和基础，也是顺利实施金融监管的保障，而我国的金融法律法规的制定相对来说还是比较滞后的。目前，我国金融监管的内容主要包括市场准入与退出、混业经营、行业竞争、信贷关系、存款保险等，相关的法律法规也多涉及这些方面的内容，也还存在重复监管和监管盲区的问题，完善的、更加符合当前金融监管的国际发展态势的、以风控为监管核心的金融监管体系尚未完全建立。尤其对于风险管理来说，事前预防是最佳的风控方式，但是我国以往金融监管方式大多集中于事后监管，也就是风险发生并产生损失后才进行监管，相关的法律法规也大多针对事后监管出台，存在滞后性。对金融混业经营缺少法律支持，比如对金融控股集团的监管主体、法律地位、监管方式、风险资产都没有明确界定，各金融子市场之间、金融业与实体经济之间是否建立风险防火墙，是否建立信息共享机制，在不同金融子市场的监管严格程度不同而引起的监管套利，由于权责不明晰引起的监管三不管地带——监管真空，以及由于金融市场的相互关联性引起的多米诺骨牌效应，这些问题在我国的金融监管法律法规中都还没有明确的解释与定位，可以说我国的金融监管法律法规和当前世界上比较先进的金融监管制度相比还是比较落后的。伴随我国金融监管体制的进一步完善，为了使我国的金融监管有法可依、有规可守，完善与健全现行金融监管法律法规体系已是当务之急。

3.2.2.4　原分业监管模式遏制了金融创新的发展

伴随金融科技的崛起，金融工具的创新形式越来越多，由于利益的驱动，金融业务由原来的分业经营逐渐向混业经营过渡。但是监管方式和具体的金融业务不同，不能随意根据实际业务的变化就随意变更，仍是原来的分业监管模式，但是业务上涉及多领域、多属性的金融业务品类的产生和新型金融机构的设立都对传统的金融监管模式提出了挑战。重复监管、监管真空、交叉监管、监管缺位等问题层出不穷，金融监管机构相互推诿又相互竞争，浪费了宝贵的金融资源，降低了金融效率，并增加了监管风险。而且，对多领域、多属性的金融业务监管需要多个监管部门的合作，涉及手续繁杂又耗时长的审批流程，而且这中间的监管也失去了初衷，甚或会出现相互制衡、相互制约的局面，严重阻碍了金融创新的发展，降低了金融监管的效率，甚至整个金融业的竞争效率，使我国的金融机构在面对国际竞争时也处于劣势，这种原来的金融监管模式对金融整体造成的影响短期难以完全消除，还会持续一段时间。

3.2.2.5　缺乏对外资金融机构的有效监管

外资金融机构主要是指外国金融机构（母公司）在中国境内设立的分支机构（子公司），是和国内的金融机构一样从事金融业务，并具有法人资格的中外合资金融机构或外商独资金融机构，主要形式有外资银行、外资财务公司和外资保险公司。外资金融机构须要向我国的金融主管机关申报，经批准才可设立，通常得先在中国设立代表处两年以上且达到总资产规模的要求才可申请。现在外资金融机构在我国的金融领域是一股重要力量，多采用混业经营的运作模式，资金充足，业务能力强，又有强力的本国母公司的支撑，与我国国内的金融机构形成了强烈的竞争关系。相比之下，我国的金融机构因为发展较晚，专业能力上还有所欠缺，也显露出我国金融监管的不足和在金融市场竞争中的劣势。

金融全球化、一体化的发展格局使分业监管模式不适应当前金融业的现状。首先，金融一体化促进金融资源在全球范围内配置，提高资源配置效率，使资源配置达到帕累托最优。但是在一体化进程中，国际之间的汇率波动、利率波动等金融风险也会伴随着金融一体化的进程在国际范围内传播。其次，金融竞争扩大到国际范围，势必有更多的有实力的金融机构参与其中，金融业务和金融工具会更多样化，金融风险发生的概率越大，国际传播的可能性越大'速度越快'渠道越多。面对复杂多变的国际金融市场和金融形势，我国金融机构为了在激烈的竞争中获得一席之地，必须提高自身的业务能力，学习新近出现的金融创新工具和创新产品，及时掌握金融信息，有效防范金融风险以获取更高的利润。因此，学习掌握外资金融机构的业务状况、及时有效地进行监管，不仅会给我国的金融机构做出一个表率，也可以最大限度地将国际金融风险降低到可控的范围内。

3.2.2.6 金融监管目标不够明确

就监管目标而言，各个国家的金融监管目标大多是防范金融风险，维护金融系统稳定，但在不同的历史时期具体监管目标还是有所不同。我国金融监管目标的发展也是由来已久，早在 1984 年 8 月我国在颁布实施的《金融机构管理规定》（已于 2010 年 10 月废止）中就规定我国金融监管的目标是规范金融管理、维护金融秩序稳定、保障社会公众的合法权益。1986 年颁布实施的《中华人民共和国银行管理暂行条例》首次以法律形式确定我国金融监管的目标是我国的中央银行（即中国人民银行）、专业银行、其他金融机构都必须坚决认真贯彻执行国家的经济金融方针政策，其金融业务活动都应当以发展经济、稳定货币、提高社会经济效益为目标。1995 年颁布实施的《中华人民共和国商业银行法》，明确提出金融监管目标是"保护商业银行、存款人和其他客户的合法权益，规范商业银行的行为，提高信贷资产质量，加强监督管理，保障商业银行的稳健运行，维护金融秩序，促进社会主义市场经济的发展"。

　　从以上金融监管目标在金融法律法规中的界定可以看出，我国的金融监管目标基本等同于中国人民银行的货币政策目标，后又兼顾商业银行的规范管理与风控管理，都没有将保护投资人或存款人的利益和维护金融稳定作为首要目标，体现出综合性和多重性的特征，即既要保证国家宏观经济金融政策的实施，又要保障金融机构合法合规经营的金融秩序，还要防范、控制和化解金融风险，保障存款人和投资人的合法权益，维护金融系统稳定，促进金融业良性发展。可见，我国金融监管的主要目标就是通过维持正常的金融秩序来保证国家的经济金融政策的有效实施，也就是说基本上我国的金融监管目标就是国家的经济金融方针政策目标，严重制约了金融监管的主观能动性的发挥。

3.2.2.7　金融监管资源不足

我国的金融监管资源严重短缺，国务院参事、中国银保监会原副主席王兆星在2019年末出席第三届中国互联网金融论坛时提到，我国的金融监管资源严重短缺，无论是人力资源还是财力资源，尤其是我们专家级别的人力资源更是稀缺，难以满足我国高度复杂又发展迅速的金融业的需求。根据不完全统计，2003年监事会、银监会、证监会、保监会的一个监管人员与监管机构的比例分别约为1：2000，1：6，1：23，1：89，可以看出监管人员和被监管机构的比例严重失衡，严重影响了金融监管效果。而且这还仅是数量上的不足，真正符合当前金融监管需求的监管人员的质量也是远远难以满足。对金融监管人员的专业能力和素质要求本就比较高，需要专业能力和行政能力的结合，理论能力和实践能力的结合，也就是金融监管人员既需要从实践上了解金融业务的操作过程，也需要从理论上对金融工具、金融业务的根源有所把握，才能更好地实施监管。但是各个级别的金融监管机构对金融监管人员的学历、经历要求是不同的。中央级别的金融监管机构吸收的监管人员学历层次较高，适合金融监管政策理论研究与监管发展方向的把握，但欠缺金融业务实践操作经验；省市级金融监管机构对监管人员的吸收侧重实际业务经验，但又缺少理论的支撑。既具有理论内涵又具有实践操作经验的监管人员是很少的，这些还只是专业能力上的要求。伴随着金融科技的发展与计算机技术的普及，熟练运用计算机知识并将其应用于金融监管领域已成为金融监管人员的必备素质，正如王兆星先生所说，金融监管部门的科技水平还远远滞后于金融机构对金融科技的运用水平。同时我国的金融监管又要面对金融一体化国际化，金融监管人员需要熟悉国际金融业务，了解国际金融惯例与国际财务管理专业知识，这样才能保证对外资金融机构的监管工作。
所以，我国金融监管对人力资源有着层次高、专业强、懂技术、国
际化的多重需求，当前的资源状况是远远难以满足金融发展的需
求的。

3.2.2.8　监管的成本效益不匹配

金融监管市场的一个重要特征就是信息不对称和信息不完全。
在中国当前的金融监管模式下，金融监管机构对被监管机构的信息
难以完全掌握，无法对被监管金融机构的业务运营、风险管理与控
制等问题做出全面深入、适当正确的评价，监管效益下降。同时不
同监管机构对被监管机构进行监管时，被监管机构重复性地提供相
同的检查材料。为了达到不同金融机构的监管要求，不重复提供相
同金融信息，增加了监管成本，降低了监管效率。根据公式 $FSC = DC + IC + CC$ 可知，金融监管的成本由直接成本、间接成本、合规
成本构成。DC（direct costs）表示金融监管的直接成本，是指金融
监管部门在制定和执行金融监管政策时所承担的成本。IC（indirect
costs）表示金融监管的间接成本，是指由于监管强度的过大或者过
小，造成银行等被监管金融机构的金融业务限制过严、不当竞争、
内部风险积累甚至爆发而引起的社会总体福利水平下降形成的成
本。CC（compliance costs）表示合规成本，是指被监管金融机构为
了遵守金融监管法律法规所承担的成本。根据 $FSE = FSR/FSC$，金
融监管的成本和效益形成一个合适的比例才能有较高的金融监管效
率。可见繁复的金融监管程序增加了金融成本，降低了金融效率。

综上所述，我国金融监管存在监管主体缺位问题严重、金融
监管内容和范围需完善、金融监管法律法规体系不健全、原分业
监管模式遏制金融创新的发展、缺乏对外资金融机构的有效监管、

金融监管目标不够明确、金融监管资源不足、监管的成本效益不匹配的问题，整体上存在监管效率低下、监管目标实现程度较低的问题，因此在后述章节中笔者运用模糊层次综合评价分析法对不同金融监管模式历史时期下的金融监管效率进行实证分析并得出相应结论。

第 4 章

典型国家和地区的
金融监管模式与评析

各个国家和地区都是根据自身情况来确定适合自身发展的相对高效率的金融监管模式。本章对英国、美国、德国、日本、澳大利亚，以及中国香港地区的金融监管模式进行分析比较，并总结出当前金融监管模式的发展趋势，作为我国金融监管模式选择的借鉴或改进的参考。

4.1

英国的金融监管模式

英国采用的金融监管模式是统一监管，统一监管模式是由单一机构来监管所有的金融业务和金融机构，统一监管模式主要在金融业混业经营的国家使用较多。英国的金融监管模式是这种监管模式的典型代表，下面做一下详细介绍。

4.1.1 英国金融监管模式的发展历程与组织机构

在英国，传统意义上的金融监管一般是以金融机构自律为主，英国的中央银行——英格兰银行监管为辅，监管方式主要是以"道义劝说"为主。在英国，监管机构与被监管机构之间的沟通绝大多数情况下都不是行政指令或法律法令，而是在相互信任、相互合作的基础上进行的。但这种监管模式是在最开始的金融业尚处于自由竞争的阶段所采用的，随着金融业竞争的加剧，这种温和的监管方式使金融监管的效率相对低下，难以适应日益激烈的金融竞争对金融监管的需要。1844年，英国颁布了世界上首部银行法——《英格兰银行条例》，于1979年10月进行初次修订后颁布了《银行法》，这意味着英国的金融监管模式从原来的行业自律转变为法治化监管。随着英国金融机构间的竞争越来越激烈，各种金融业务、金融工具的金融创新层出不穷，因此英国又于1986年再次修订并出台了《金融服务法》，该法案的实施有效优化了证券市场结构，形成了英国金融市场的多元全方位混业竞争的格局。面临复杂的经济金融形势，英国的金融监管并没有完全适应混业经营的状态。在当时的金融监管模式下，英格兰银行主要监管银行，证券与投资理事会监管证券投资机构，贸工部、证券投资委员会监管保险公司和金融衍生品交易，住房基金委员会监管住房基金，养老基金是在金融行业内部以自律方式进行监管。总结如表4-1所示。

表4-1 英国传统金融监管体制

监管机构	职能
英格兰银行	负责对银行部门进行监督管理
证券与投资理事会	负责对从事证券和投资业务的金融机构进行监督管理
贸工部、证券投资委员会	负责对普通保险公司和人寿保险公司进行监督管理

监管机构	职能
住房基金委员会	监管住房基金
贸工部	监管金融衍生产品交易
金融行业自身	监管养老基金

可见，当时英国的金融监管机构监管品类繁杂，职能交错，造成各种金融风险累积，金融监管效率低下，严重阻碍了金融业的正常健康发展。鉴于此，英国于 1997 年 5 月进行金融监管体制改革，将英格兰银行的银行监管职能剥离给证券投资委员会，并将证券投资委员会改组，成立金融服务监管局（也称金融服务管理局，Financial Service Authority，FSA）。金融服务监管局所包含的组织机构包括：英格兰银行监管部、证券与投资理事会、投资管理局、投资管理监管组织、住房信贷机构委员会、互助金融机构委员会、互助金融机构登记处、证券期货管理局以及保险局。继而，在 1998 年又通过了新《英格兰银行法》，该法案从法律上明确了英格兰银行作为中央银行主要行使宏观经济调控职能。2000 年，英国又通过了《金融服务与市场法》，确立了金融服务监管局是英国唯一的、独立于其他部门之外的金融监管执法部门，该法案于 2001 年 4 月 1 日起开始实施。也就是说从该日起，原来的金融界的法律法规都由该法案所取代，金融服务监管局负责对英国境内所有的银行及非银行金融机构（包括商业银行、证券公司、保险公司等）的监管。其监管业务的内容主要包括金融机构的准入、资本标准、调查权限、惩戒权限等，金融服务监管局的监管权力虽然总体上包含以前机构的权力，但并不是以前权力的简单加总而是有机结合，形成新的更适合当时金融监管现状的权力结构。英格兰银行负责英国金融基础设施

及货币政策的制定，财政部负责金融法规制度的整体政策框架的建立及金融机构支付清算系统等方面的监管，直属金融服务监管局。英国改革后的金融监管体制权力范围如图4-1所示。

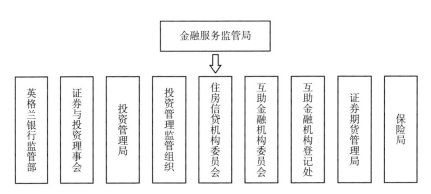

图4-1　金融服务管理局权力范围

4.1.2　对英国金融监管模式的评价

英国作为统一监管模式的典型代表，其监管模式具有以下优势：一是节约成本。统一监管模式对成本的节约主要在于可以及时共享金融信息，大大节约信息成本以及技术和人力资源。二是可以避免监管真空。因为主要的监管机构是统一的，因此避免了多个监管机构重复监管同一金融机构造成的成本消耗，也避免了不同监管机构的监管力度、监管要求、监管水平不同而产生的监管差异以及进入监管机构"三不管"地带造成的监管真空。三是职责划分清晰明确。统一监管模式下职责集中在一个主要的监管机构上，因此不会出现多家监管机构由于权责不清、相互推诿而导致的重复监管。可见，统一监管存在着诸多优势，使金融监管适应当时英国金融发展迅速多变并向一体化、集团化发展的大方向，使监管部门实现跨市场、跨区域、跨机构、跨部门的协调监管，避免了多家金融监管机构之间的无序竞争，提高了英国统一监管模式的监管效率。正因为金融监管模式能够适应金融业的发展，因此在该模式下，伦敦的国际金融中心位置得到了巩固与提升，英国的金融业也抓住机遇获得长足发展。

　　但统一监管模式也有自己的弊端，因为只有一家金融机构对金融机构和金融业务进行监管，监管手段与监管技术较为单一。正常来说不同种类的金融机构（比如银行、保险和证券公司）、不同的金融业务（比如纯粹的银行业务、保险业务和证券买卖、证券投资业务）应该有不同的金融监管标准和风控技术，但是因为监管机构只有一家，所以监管手段可能相对单一，不太适应品类繁多的金融业。而且不同的监管部门本有自己的监管风格，现在所有的监管部门都集中于一家综合性监管机构，可能造成机构文化和风格的冲突。再者，所有的监管权力集中于一家机构也有可能造成权力过于集中，缺少竞争机制而形成监管垄断，官僚主义盛行，代理成本过大，监管权力没有制约，监管效率低下的局面。因此与此同时英国成立了"金融服务和市场特别法庭"，用以协商处理监管机构和被监管机构之间难以解决的问题，促进监管公平，保证监管者合理合法公开透明执法。表 4 - 2 是英国金融服务监管局内部部门设置情况。

表 4 - 2　　　　　　英国金融服务监管局内部部门设置

职能部门	英文简称	职责	人员编制
银行监管局	S&S	银行业务监管	450
证券与投资管理局	SIS	投资业务管理	200
证券与期货管理局	SFA	交易所、清算所监管	250

职能部门	英文简称	职责	人员编制
互助金融机构注册	RFS	证券与金融期货业务； 互助金融机构登记； 住房信贷机构登记； 其他互助金融机构登记	150
个人投资管理局	PIA	私人投资业务监管	500
投资基金管理局	INRO	基金管理公司监管	150
保险监管局	ID	保险监管	100
互助金融机构委员会	FSC	互助金融机构监管	200
住房信贷机构	BSC	互助金融机构监管	250
合计			2250

资料来源：英国金融机构管理局网站。

4.2

美国的金融监管模式

美国的金融监管模式是两元多头金融监管模式。两元多头金融监管模式是指两级政府——中央政府和地方政府对金融机构都有监管权，两级政府各有自己的下设监管机构来和政府部门共同行使监管职能，所谓的"两元"就是指两级政府，"多头"指的就是各政府下设的监管机构。这种监管模式比较适合政治经济结构较为分散、各自为政，地域辽阔，金融系统又复杂的国家或地区，美国是这种金融监管模式的代表。

4.2.1 美国金融监管模式的发展历程与组织机构

美国金融监管的发展基本上经历了从安全优先到效率优先，到安全效率并重，再到寻求新型监管模式的发展历程。

第一阶段：20 世纪 30 年代以前，自律型金融监管阶段。在这一阶段，金融业还处于自由竞争阶段，金融监管相对较少，尚未形成相关的金融法律法规来约束金融业的竞争，金融监管整体上处于发展的初期阶段，没有正式正规的金融监管机构来行使金融监管职能。

第二阶段，20 世纪 30 年代至 70 年代，安全优先阶段。在这一阶段，美国的金融监管以金融安全为首要监管目标，严格实行金融监管，也称为管制型金融监管阶段。由于在前一阶段一直没有正式的金融监管，造成了金融业的无序竞争，引起 20 世纪 30 年代金融危机的爆发和美国经济大萧条。因此美国颁布并实行了以《格拉斯—斯蒂格尔法》为代表的一系列金融监管法律法规，限制存款利率，防止金融业恶性竞争，并由美国联邦政府和州政府两级政府分别设立自成体系、互不干涉的金融监管机构，并构建两头多元金融监管体系。

第三阶段，20 世纪 80 年代，效率优先阶段。经过了上一阶段的严格监管，这一阶段是一个金融监管较为宽松的时期，这也促进了金融业的繁荣和迅速发展，因此也可以称为效率性监管阶段。由于上一时期发生了金融危机与经济大萧条，金融监管犹未严格，导致了美国的金融业发展严重滞后，又有利率的严格限制，其在国际市场的竞争力大为下降，金融业的利润水平巨幅下滑。面对新的情况，美国金融监管当局迅速调整监管政策，放开利率管制，在法律层面上认可了金融混业经营，通过并施行了包括 1980 年《存款机构放松管制和货币控制法》、1982 年《高恩—圣杰曼存款机构法》一系列金融法律法规在内的金融自由化法案，意在提高美国金融机构在国际金融市场上的竞争力，推动美国金融业的国际化与自由化。

第四阶段，20 世纪 90 年代，安全与效率并重阶段。在该阶段，美国金融监管又回归审慎金融监管，金融监管又开始严格起来。由于上一阶段的金融监管较为宽松，金融创新品类丰富，金融效率得到很大提高，金融业得以速发展，但也带来了新的金融风险。由于上一阶段利率限制放开，利率大幅提高，对于以存款业务为主的金融机构来说，意味着利润率的提升，但对于以信贷业务为主的金融机构来说，意味着融资成本的大幅提高，美国以房地产信贷业务为主的储贷协会（Savings and Loan，S&L）就难以承担如此高的融资成本，为了达到足够高的盈利水平来弥补融资成本，储贷协会转向投资盈利率高但信用级别低的垃圾债券，进而导致了美国 20 世纪 80 年代的储贷协会危机。发生金融危机后，美国金融监管当局又开始注重金融安全的问题，并将金融安全目标重新纳入金融监管体系，通过并颁布了一系列的金融法案，其中包括 1999 年《美国金融现代服务法》，其允许金融业不同种类金融机构可以相互持股、相互渗透，至此美国金融业进入安全与效率并重的混业经营阶段。这一金融监管阶段的后期创造了美国金融史上的低通货膨胀率、低失业率、高速增长的"黄金十年"。

第五阶段，21 世纪以来，金融稳定阶段。上一阶段的"黄金十年"之后，经济金融发展势态良好，但在 2001 年，美国互联网经济出现问题，互联网泡沫破裂，2007 年又爆发了亚洲金融危机，金融监管又遇到了新的难题。2010 年 7 月，美国通过并出台了《多德—弗兰克法案》，以金融稳定为监管目标重建金融监管。在稳定大于一切的监管背景下，金融效率受到了抑制，造成了利润空间的下降、社会福利的损失和金融监管的失灵，进而客观上增加了发生金融风险的可能性，也加剧了金融系统的脆弱性不稳定性。

从以上的叙述可以看出，在美国金融业的发展过程中，金融监管起到了举足轻重的作用，金融监管模式是根据金融业的发展需求随时进行调整的，以保证金融业的稳定、健康、高效发展，可以说，美国金融业的发展史就是美国金融监管模式的变迁史。

美国实行的是两元多头金融监管模式，"两元"指的就是联邦政府和州政府，"多头"指的是二者下设的金融监管机构。美国联邦政府下设的金融监管机构包括联邦储备委员会、联邦存款保险公司、货币监理署、证券交易委员会、国民信贷工会管理局、联邦储蓄贷款保险公司、国民信贷工会、联邦住房放款委员会。州政府下设保险监理官和其他监管机构，拥有和联邦政府法律体系相互独立的金融法律法规。美国银行业的组织形式是二元制，有国民银行和州立银行两种。前者由货币监理署批准，受联邦储备委员会和州银行局监管，州立银行由各州银行局监管。图4-2以国民银行为例说明美国金融监管组织体系。

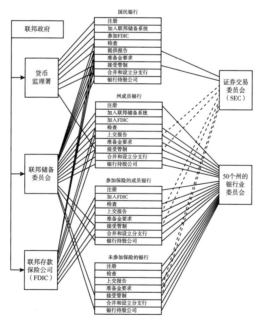

图4-2　美国国民银行金融监管机构组织结构

资料来源：陈建华．中国金融监管模式选择［M］．北京：中国金融出版社，2001．

就美国银行业整体来说，其监管机构职责如表4-3所示。

表4-3   美国银行业监管机构职责

监管机构	监管职能
美联储	主要负责货币政策的制定与执行以及审批联邦储备体系成员银行（只有约1/10的州立银行是成员银行）的经营范围和业务种类
联邦存款保险公司	主要负责对银行业存款保险制度方面的监管
信用合作社监管局	主要负责对信用合作社的监管
储蓄信贷会监管局	主要负责对储蓄信贷行业的监管
州政府金融机构部	主要负责对由州政府发放准入牌照的银行机构的监管

美国证券市场上的监管是垂直性的监管模式，联邦政府层面是通过证券交易委员会、商交会（商品期货交易委员会）以及投资者保护委员会三大机构，依据《证券交易法》，对证券机构的准入与退出、业务营运与监管等方面实施垂直监管。州政府层面是由州政府设立的监管机构根据各州的实际情况，依据各州自己的《公司法》对证券机构的公开上市交易、运营管理、收购兼并等方面进行监管规范。这些证券机构主要包括证券交易所、证券业协会、证券信息披露机构等经营证券业务的机构。

保险市场上的监管采用的是分片管理的模式，通过州保险厅对保险公司、保险代理机构、保险中介机构进行金融监管，并由州政府承担反垄断诉讼权。因为联邦政府没有下设的保险监管机构，因此在全国层面上，设立了全美保险厅长官联席会议，来协调各州保险厅的意见建议，通过各州统一的保险法律法规来保证保险行业在全美的法律依据层面的一致性。

美国还有一个很重要的金融机构——金融控股公司。对金融控股公司，是根据该金融机构的实际社会职能来进行监管的。也就是说，对于母公司来说，由母公司所在行业的监管机构进行监管；对于子公司来说，由子公司所在行业的监管机构进行监管，比如银行控股的保险公司主要由保险业监管部门进行监管。

近年来又出现了很多创新性的金融业务，这些业务往往具有多种金融工具的属性，难以断定通过哪些监管部门进行监管。在实际操作中是这样安排的，首先要确定该业务属于哪类金融业务的范畴。其次，分别由货币监理署判断是否属于银行业务类型，由证券交易委员会判断是否属于证券业务类型，由州保险厅判断是否属于保险业务类型。如果货币监理署、证券交易委员会、州保险厅意见不一致，则交由联邦政府司法部门进行判决。

4.2.2 对美国金融监管模式的评价

美国的两元多头伞形监管模式是一种综合了分业监管和统一监管特点的双层监管模式。在这种监管模式下，对金融机构是按照金融机构的业务类型进行专业化监管，这样保证了分业监管专业性强、针对性强的特点。对于金融控股公司来说，这种监管模式也可以很好地照顾到母公司和子公司的不同特点，通过协调母公司和子公司的不同监管机构，详细掌握二者之间的交易状况和资金往来情况，控制金融风险，保障金融安全。

虽然这种监管模式既具有专业性，又能对整体信息有及时全面的掌握，是一种较为适合美国金融现状的监管模式，但同时它也有一定的缺点，那就是金融监管机构之间的监管协作问题。虽然在法律层面上来说，1999年颁布的《金融服务现代化法案》已经在法律上明确了美国金融业信息互通共享的问题，但是这只是一个宏观上或监管理念上的一种规定，难以具化到每一次的监管措施上，因此在实际监管中还需要各个金融监管机构根据不同情况相互配合，提供彼此需要的金融信息，共同完成监管任务，这就需要将监管机构间的默契信任、金融信息的及时可靠真实、金融科技的完善、政府机构的协调融为一体，也是对集专业、技术、信息、合作于一体的金融监管模式的有益且成功的探索。而且针对不同的金融业务，金融监管的目标是有很大差别的，以银行业务监管和证券业务监管为例，针对银行业务的监管目标很大程度上是防范金融风险，保证金融安全，维护金融系统稳定，而对证券业务的监管是不包括金融风险防范的，正所谓"股市有风险，入市请谨慎"，证券业务的风险是需要投资者自己承担的，证券业务的监管主要是监控交易平台的公平、公正、公开，证券交易的合理、合法、透明，可见这两种金融业务的监管目标就不完全相同。可见美国的两元多头金融监管模式是一种根据美国金融业的现状而设计的、适合美国金融发展，又能扬长避短，不断自我完善、自我进化的金融监管模式。

4.3
德国的金融监管模式

4.3.1　德国金融监管模式的发展历程与组织机构

德国的金融监管历史悠久，可以追溯到 19 世纪 50 年代德国市场经济制度之初，于 1961 年前联邦德国就颁布了《银行法》，并依法成立了联邦银行监管局（BAKred），后又成立联邦证券监管局（BAWe）、联邦保险监管局（BAV），依据监管金融业务的不同分别对德国金融业按照银行业务、证券业务、保险业务实施分业监管，并形成了德国金融监管的基础框架。

伴随德国金融业的融合发展与创新，原有的金融监管格局已经不适应德国金融业的新情况，因此，在 2002 年 5 月 1 日，德国金融监管体系进行改革，整合联邦银行监管局、联邦证券监管局、联邦保险监管局三家金融监管机构，成立德国联邦金融监管局（Ba-Fin），标志着德国金融监管体系进入新的发展阶段。根据金融业务的不同，德国联邦银行监管局、联邦证券监管局、联邦保险监管局分管银行业务、证券业务、保险业务。德国还另有银行同业协会和会计师审计协会作为金融监管的辅助机构。

其中，联邦银行监管局的监管对象主要是银行，并按照银行的业务种类分别设储汇银行监管司、私人银行监管司、合作银行监管司、证券投资和外资银行监管司四个监管部门，主要负责银行的准入与退出、银行的合法合规经营、证券业务许可审查、金融机构流动性审查等事务。联邦银行业监管局与联邦银行之间的关系，是在金融法律法规的制定方面的互相协商，联邦银行要对金融机构的业务操作、工作流程等具体情况进行专业的定期审查，并把审查检查的材料上交联邦银行业监管局，作为其实施监管政策的依据。

联邦证券监管局的监管对象是证券行业，其权力范围是监管证券交易，制定证券交易规则与政策，维护证券市场秩序，和金融监管的其他部门——联邦银行业监管局、联邦保险监管局相配合，和世界其他国家的金融监管部门相配合，共同做好全面的金融监管工作。

联邦保险监管局的监管对象是保险行业，其权力范围是审查保险企业的保险准备金和保费收入，确定保险收益。联邦保险监管局在各州设有分支机构，它们在业务上隶属于联邦保险局，行政上隶属于州政府，监管各自州内的保险公司和保险业务，而保险中介不属于联邦保险监管局监管。

此外，还有一些交叉领域的问题也由德国联邦金融监管局进行各部门间的协调。可见，德国改革后的新金融监管体系更加有利于部门间的信息交换与协同工作，有利于巩固德国作为欧洲金融中心和国际金融中心的地位，充分发挥其在欧洲金融领域和国际金融领域中的作用。

德国金融监管的组织结构如图 4 - 3 所示。

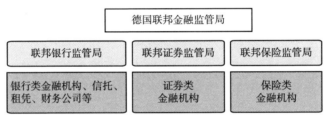

图 4 - 3 德国金融监管机构组织结构

4.3.2 对德国金融监管模式的评价

德国的金融监管模式是典型的混业经营分业监管。在这种监管模式下，专业监管机构具有专业优势，针对不同的业务领域进行专业化监管，分工明确，权责清晰，竞争有序，提高监管质量和效率，确保各个自监管领域监管目标的达成。但在处理交叉业务时需要相互协调，共同合作，这些既需要时间上的磨合，也需要业务上的配合与衔接以及信息上的共享。因为毕竟属于不同的金融监管部门，就需要很高的协调成本，尤其在一些交叉地带，更可能产生重复监管和所谓"三不管地带"的监管真空问题。在德国的全能型银行体制下，德国的金融机构各自就可以操作各种金融业务，所以缺少金融创新的外在压力与内在动力，金融监管模式的这种弊端并不明显，但是伴随金融创新的快速发展，金融监管机构相互之间的协调越来越重要，德国民众、政府、金融界、学术界都呼吁对金融监管模式的变革。终于，为了群众的呼声，也为了适应新的金融发展的需要和新的金融监管目标的实现，在 2002 年 5 月，德国将原来的联邦银行监管局、联邦证券监管局、联邦保险监管局合并，成立了联邦金融监管局，形成新型的金融监管模式——统一监管，也顺利完成了金融监管模式从分业监管到统一监管的历史性变迁。虽然德国的金融监管模式已经发生了变迁，但分业监管在德国金融监管史上仍写下了浓墨重彩的一笔。

4.4

日本的金融监管模式

4.4.1　日本金融监管模式的发展历程与组织机构

日本金融监管模式的发展可以分为三个阶段。

第一阶段，第二次世界大战之前，以政府金融监管为主。日本近代的金融监管制度主要形成于 1872 年的《国立银行条例》，从法律上确定了由财政部负责货币发行和货币政策的实施，日本政府负责对金融机构和金融业务进行监管，监管主体是大藏省。

第二阶段，二战后到 1997 年。二战后，为了适应当时的金融形势，日本进行了金融体制改革，根据不同的金融业务类型划分不同的专业金融机构，至此，日本现代金融体系基本形成。到 20 世纪

80 年代，日本基本确立了由大藏省和日本银行共同监管本国的金融机构和金融业务的模式，其中以大藏省为金融监管主体，日本银行主管风控，保证日本金融体系的安全与稳定。大藏省是日本的政府部门，主管日本的财政与金融事务，下设银行局、证券局、国际金融局三个部门。其中银行局主要监管日本银行以及非银行金融机构，证券局主要监管证券公司的业务与财务问题，国际金融局主要监管日本涉及国际资本流动的金融交易与外资使用的业务与政策制定。

第三阶段，1997 年至今。为了适应日本的金融发展，日本政府在 1997 年又一次进行了金融改革，取消了对银行、证券等业务限制，允许以金融控股公司的形式进行混业经营。设立金融监督厅。1997 年 6 月，日本政府颁布并开始实施《金融监督厅设置法》，成立金融监督厅，专职金融监管，原归大藏省管辖的专司证券业务的证券委也划归到金融监督厅，归其管辖。这段时间日本的金融监管大事件总结在表 4 - 4 中，新的金融监管组织结构如图 4 - 4 所示。

表 4 - 4 　　　　　　　　1997 年至今日本金融监管大事记

时间	大事记
1997 年 6 月	实施《金融监督厅设置法》，成立金融监督厅
1998 年末	成立金融再生委员会，直属金融监督厅
2000 年	金融监督厅更名为金融厅，主司检查、监督和审批备案
2001 年	大藏省改名为财务省，主司金融行政管理
2001 年	金融厅主司金融监管，成为日本单一金融监管机构，负责银行、证券、保险各金融市场的统一监管

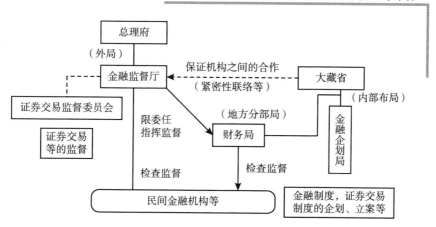

图 4－4　改革后日本金融监管机构组织结构

资料来源：陈建华. 中国金融监管模式选择［M］. 北京：中国金融出版社，2001.

4.4.2　对日本金融监管模式的评价

日本金融监管模式经过长期的沉淀已经形成了由金融厅进行统一监管的金融监管模式，对其评价主要有以下几个方面：

第一，确立了金融监管独立性。金融厅作为日本唯一的金融监管的最高权力机构，对金融机构和金融业务的处理具有独立的决策权，不受政府其他部门的干扰，以保证金融监管的客观性、独立性和严肃性，达到有效防范金融风险的监管目标。

第二，实现了金融监管模式的变迁。日本金融监管模式经过多年的演变最终形成了以金融厅为监管主体的统一监管模式，根据金融业务的不同，成立专业的金融监管部门，分业监管，因此日本的金融监管模式是在统一监管框架下实施分业监管，实现了统一监管、分业监管、职能监管的结合，也同时实现了新型金融监管模式的变迁。

第三，部门协调有待加强。因为日本的金融监管模式是在金融局的统一监管框架下分金融业务类型进行监管，而金融业务难免有所交叉，那么就涉及不同金融部门之间的协调。日本金融监管机构内设总务课，协调金融监管机构内部的事务；设总务局，协调不同金融机构间事务。

第四，树立金融监管威严，借助社会机构进行监管。日本金融厅监管主要针对金融监管制度、金融机构的准入、经营规范性、金融风险的防控进行监管，并不涉及具体金融业务的监管，对具体业务的监管主要由社会中介服务机构提供。

4.5
澳大利亚的金融监管模式

4.5.1 澳大利亚金融监管模式的发展历程与组织机构

澳大利亚实行的是双峰金融监管模式。双峰金融监管模式是由英国经济学家泰勒提出，最初起源于英国，澳大利亚、荷兰根据各国自身情况践行的一种金融监管模式。其中的"双峰"指的是实施审慎监管和实施行为监管的金融机构并行，实施审慎监管的一方主要负责金融政策制定与保持金融系统稳定，实施行为监管的一方主要负责保护消费者和投资者的基本权益不受侵犯，防止欺诈和不公交易，维护金融秩序，这两个金融监管机构之间是平级，没有行政隶属关系。

1997年，澳大利亚基于本国金融业发展需要，由墨尔本商界领袖斯坦·沃利斯（Stan Wallis）领导对本国金融系统进行了全面调查，以温和的方式重新安排本国金融监管框架，建立新的金融监管模式——双峰监管，并于 1998 年 7 月 1 日建立"澳大利亚审慎监管局"（Australian Prudential Regulation Authority，APRA），后又建立澳大利亚证券投资委员会（Australian Securities and Investment Commission，ASIC），正式形成了具有澳大利亚特色的"双峰"金融监管模式。前者负责通过实施审慎监管维护金融系统的稳定，后者通过实施行为监管保护金融消费者的基本权益。二者都具有法定的独立于中央银行的法律地位，直接向政府和议会负责，和澳大利亚储备银行（澳大利亚的中央银行）处于相互独立的平级地位。这种金融监管模式有效帮助澳大利亚抵御了 2008 年的国际金融危机，一直沿用至今。在澳大利亚当前的双峰金融监管模式中，金融监管组织机构主要有：澳大利亚审慎监管局、澳大利亚证券投资委员会、澳大利亚联邦财政部（Australian Treasury）和澳大利亚储备银行（Reserve Bank of Australia，RBA），四部门共同组成金融监管理事会（Council of Financial Regulator，CFR）。这四个机构中承担主要监管职责的是 APRA 与 ASIC，所以正符合"双峰"监管理念。

4.5.2　对澳大利亚金融监管模式的评价

第一，机构设置上注重金融监管目标的实现。双峰监管模式的基本理念就是维护金融系统稳定与保护金融消费者权益，在澳大利亚的双峰金融监管模式下，这两个金融监管目标就是由 APRA 与 ASIC 两个机构实现的。这两个金融机构和其他金融监管机构相互独立并行，共同构成澳大利亚金融监管的整体格局。

第二，监管风格上注重对金融风险的防控。澳大利亚金融监管以"风险为基础"，注重对金融风险的事前预防与事后控制，这也是双峰金融监管模式实施金融监管的主要原则。

第三，监管合作上注重信息共享和充分交流。金融业发展迅速，有效的金融监管离不开金融监管机构之间的协调与合作，主要体现在信息的共享与交流。只有实现充分的交流与共享才能避免双峰监管机构之间、双峰监管机构与其他监管机构之间中出现监管真空和重复监管。

4.6

中国香港地区的金融监管模式

4.6.1 中国香港地区金融监管模式的发展历程与组织机构

中国香港作为亚洲国际金融中心，其银行、证券、保险、黄金、期货等各种金融业务都十分活跃，形成了一套适合自身金融发展情况的金融监管体系。其发展历程经历了三个阶段。

第一阶段，19 世纪末到 20 世纪 60 年代。中国香港的金融监管实现了从无到有的跨越。最先形成的金融监管机构是金融业内部的自律性监管组织——香港证券经纪业协会，但这一时期并没有正式的政府监管机构。

第二阶段，20 世纪 60 年代到 90 年代。20 世纪 60 年代，中国香港金融业发展迅速，金融风险也逐渐累积，原来的行业自律组织已经难以适应当时对金融监管的需求，香港为了应对金融风险先后颁布了《银行业条例》，成立了香港金融管理局、证券及期货事务监察委员会等监管机构，推行"积极不干预"监管政策，即政府会从积极的角度出发，判断金融风险情况和经济运行态势，对实际情况进行分析判断，然后做出是否干预金融市场的决策。

　　第三阶段，20 世纪 90 年代末至今。20 世纪 90 年代末，世界金融业形成一体化趋势，原有的"积极不干预"的监管理念和行业自律性金融监管组织配合监管的模式已经难以满足飞速发展的金融国际一体化形势的需求。因此，为了防范金融风险，中国香港通过并颁布了《证券及期货条例》《银行业条例》《香港保险公司条例》等金融法律法规作为香港现代金融监管的法律基础，并逐步形成了具有香港特色的政府和行业自律协会两级监管结构。在这一监管框架中，政府主要的监管目标是维护金融秩序，行业自律协会的监管目标主要是金融行业内部风控问题，建立预警机制和评估系统，进而形成了香港独具特色的混业经营、分业监管的金融监管模式。在这一监管模式下，其监管机构包括金管局、证监会、保险业监理处及其金融业务相对应的行业自律协会，分别按照金融业务不同对香港的银行业、证券业、保险业进行监管。中国香港地区金融监管机构组织结构如图 4 - 5 所示。

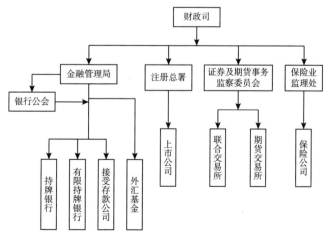

图 4 - 5　中国香港地区金融监管机构组织结构

资料来源：陈建华 . 中国金融监管模式选择 ［M］. 北京：中国金融出版社，2001.

4.6.2 对中国香港地区金融监管模式的评价

中国香港地区金融监管模式按照金融业务来分类，可以分为对银行业、证券业、保险业的监管。其中，银行业是中国香港地区金融业中最先进也是最重要的一项，对银行业的监管包括政府监管、行业自律、银行内部风险管理三个等级，监管机构是金融管理局，监管对象是中国香港地区的银行及其业务，监管目标是保障中国香港地区银行业的稳健运行。同样，中国香港地区对证券业的监管机构也是由政府和行业自律协会两级机构构成。其中，政府的职能主要是制定证券交易相关的金融法律法规，行业自律协会是进行专业的指导和内部风控。香港证券监管机构是证券及期货事务监察委员会，隶属香港财政司，主要监管证券市场和资本市场，监管目标是保障证券、期货行业的公开透明的交易机制，保持证券业的稳健运行，捍卫其国际金融中心的地位。香港保险业监管机构也是由政府和行业自律协会两级机构构成。保险业金融监管机构是香港保险业联合会，适用法律依据是《保险公司条例》，下设保险代理登记委员会、上诉裁判处、管制委员会三个分支机构，监管目标是提供专业服务，提振消费者信心。

4.7

各国和地区金融监管模式综述

综合比较以上几个国家和地区的金融监管模式，美国和中国香港地区的金融监管模式是"两元多头金融监管模式"，但两者仍有所不同。美国的"两元"是指两级政府——中央政府和地方政府对金融机构都有监管权，"多头"是指两级政府各有自己的下设监管机构来和政府部门共同行使监管职能，一般地方政府权力较大的国家都采取这种金融监管模式。而中国香港的"两元"是指政府和行业自律协会，"多头"是指两级部门各有自己的下设监管机构来共同行使监管职能。英国和日本采用的是统一监管模式。英国采用的是"单元多头金融监管模式"，是指最上层的金融监管机构只有一个，其下根据金融业务的种类设立监管机构，在实际监管过程中需要金融监管机构的协调合作来共同完成监管任务、达成监管目标。日本的金融监管模式是"集中单一金融监管模式"，其金融监管职能完全由金融厅负责，权力集中，监管高效，但也容易造成监管垄断，滋生腐败。德国是典型的"分业经营分业监管"模式，澳大利亚的金融监管模式属于典型的国际上实施的比较成功的双峰监管模式，对我国当前的金融监管模式最有借鉴意义。从以上几个国家和地区金融监管模式的变迁可以看出全球金融监管模式变革的四个特征。

4.7.1　从分业监管向混业监管转变

20 世纪以来，各国和地区逐渐意识到原来分业监管的模式已经不适应后来的金融发展形势。以美国《格拉斯—斯蒂格尔法案》的废除与美国《金融服务法案》的实行为标志，全球范围内的金融业的发展趋势由原来的分业监管逐渐向混业监管转变，与之相适应的金融监管模式也日益朝着混业监管的方向演变。美国旧的金融监管体系采取分业经营、分业监管的金融监管模式，如前所述，美国的银行领域有《格拉斯—斯蒂格尔法案》（由美联储等机构实施对货币存款机构的监管），保险领域有《州保险法》（由州保险理事会对保险公司实施监管），证券领域有《证券法》《证券交易法》和《投资公司法》等（由证券交易委员会对证券业实施监管）。在实施《金融服务法案》后，开始实行联邦政府—州政府—专业机构多层次的混业监管模式，继而其他国家也纷纷仿效。混业监管提高了金融监管效率，实现金融监管的规模效益，更加适应当前世界金融业混业发展的新态势、新格局。

4.7.2 从机构性监管向功能性监管转变

机构性监管是指实施金融监管的依据是不同的金融机构由其相对应的金融监管机构进行监管，不受其他监管机构的监管。监管机构之间有各自的权力范围，不能跨金融机构越权行使监管权。功能性监管主要针对金融产品和金融业务，任何经营该金融产品和金融业务的金融机构都需要被监管，依据金融产品的种类和金融业务的类型来划分金融监管规则。可见面对当前复杂的金融形势，功能性监管可以实现对交叉业务繁多的跨市场、跨机构的混业监管，同时避免监管真空、重复监管和金融监管协调程序繁杂、困难等监管难题。

4.7.3 从单项监管向全面监管转变

就金融监管的内容而言，原来的监管内容主要是针对不同金融业务进行单项监管，主要检查某项金融业务的数据、指标、操作是否达标，是否合规，现在随着金融创新水平的快速大幅提升和金融风险的可控性变弱，为了保证基本的金融安全和金融秩序，金融监管从对原来信用风险的监管扩大到对经营风险和市场风险的监管。

监管指标也从原来的资本充足率监管扩大到以其为核心的金融机构内控机制、金融行业自律与金融监管的政府部门监督检查三个层面，可以说是从单项监管向全面纵深监管的转变。就监管范围而言，各国和地区的金融监管机构也是从原来的只监管金融机构的表内业务，发展到把表内、表外业务都列为监管对象，到把所有的金融业务都列入金融监管的范围。

4.7.4   从封闭性监管向开放性监管转变

依照当前的金融发展的态势，各国和地区之间的政治经济往来愈加频繁深入，而金融是整个经济的核心，所有的经济往来最后都离不开资金的流动。金融全球一体化不仅带来了更多的机会，也同时带来了风险。金融业务从国内和地区内走向全球，相对应的金融监管也从只针对国内和地区内的金融机构转向对国际化的金融业务的监管。而且近年来国际金融危机频发，一个国家和地区的金融危机可以迅速通过国际金融市场传播到全世界，各国和地区面临如此严峻的金融形势，纷纷转变金融监管理念，开阔金融监管思维，以全球的视角在世界范围内互相合作，金融监管模式从封闭性监管转变为开放性监管。

本章分别选取了欧洲、美洲、亚洲、大洋洲的具有典型金融监管模式的六个国家和地区，这些国家和地区所采用的金融监管模式也是我国曾经采用过的或未来发展中可以借鉴的监管模式，对我国提高金融监管模式效率的改革具有一定的指导意义和借鉴作用。

第5章

不同时期监管模式下的
金融监管效率实证分析

依据我国金融监管制度发展的历史时期，我国金融监管模式分别经历了统一监管模式、分业监管模式和双峰监管模式三个历史阶段，本章针对我国不同历史时期采用的不同金融监管模式的监管效率逐一进行分析。

5.1
统一监管模式金融监管效率实证分析

我国采用统一监管模式是在 1978～1992 年，这段时间由中国人民银行统一对各金融机构、金融业务和金融市场实施监管，运用模糊层次综合评价分析法，对该阶段的金融监管效率做实证分析。

5.1.1 建立判断矩阵

首先，通过专家咨询、调研与调查问卷相结合的方式建立统一监管模式下的一级指标判断矩阵，得到：

$$A = \begin{bmatrix} 1 & 5/4 & 5 \\ 4/5 & 1 & 3 \\ 1/5 & 1/3 & 1 \end{bmatrix}, \quad A_{ij} = A_i/A_j$$

其次，计算二级风险指标权重，使用专家咨询、调研和调查问卷法，分析得出了我国统一监管模式下的二级指标判断矩阵，如下所示。

金融安全判断矩阵：

$$\begin{bmatrix} 1 & 9/7 & 9/5 & 3 & 9/2 \\ 7/9 & 1 & 7/5 & 7/4 & 7 \\ 5/9 & 5/7 & 1 & 5/3 & 5 \\ 1/3 & 4/7 & 3/5 & 1 & 3 \\ 2/9 & 1/7 & 1/5 & 1/3 & 1 \end{bmatrix}$$

金融风险预防判断矩阵：

$$\begin{bmatrix} 1 & 5/7 & 5/3 & 5/2 \\ 7/5 & 1 & 2 & 7/2 \\ 3/5 & 1/2 & 1 & 2 \\ 2/5 & 2/7 & 1/2 & 1 \end{bmatrix}$$

金融效率判断矩阵：

$$\begin{bmatrix} 1 & 9/2 & 3 & 9/7 & 9/7 \\ 2/9 & 1 & 2/3 & 2/5 & 2/7 \\ 1/3 & 3/2 & 1 & 3/7 & 1/2 \\ 7/9 & 5/2 & 7/3 & 1 & 7/5 \\ 7/9 & 7/2 & 2 & 5/7 & 1 \end{bmatrix}$$

5.1.2 一致性检验与权重

5.1.2.1 一级指标一致性检验并计算权重

根据公式使用和积法计算判断矩阵的特征根和特征向量，首先对一级指标进行一致性检验，将一级指标矩阵每列按列正规化可得：

$$\bar{b}_{ij} = \frac{b_{ij}}{\sum_{k=1}^{n} b_{kj}}, \ i, j = 1, 2, \cdots, n$$

$$\begin{bmatrix} 1 & 5/4 & 5 \\ 4/5 & 1 & 3 \\ 1/5 & 1/3 & 1 \end{bmatrix} \Rightarrow \begin{bmatrix} 0.5 & 0.4839 & 0.5556 \\ 0.4 & 0.3871 & 0.3333 \\ 0.1 & 0.1290 & 0.1111 \end{bmatrix}$$

按列正规化后的矩阵按行相加，得到：

$$\bar{W}_i = \sum_{j=1}^{n} \bar{b}_{ij}, \ j = 1, 2, \cdots, n$$

将取值代入上式，得到：

$$\bar{W}_1 = \sum_{j=1}^{n} \bar{b}_{1j} = 0.5556 + 0.4839 + 0.5 = 1.5395$$

$$\bar{W}_2 = \sum_{j=1}^{n} \bar{b}_{2j} = 0.3333 + 0.3871 + 0.4 = 1.1204$$

$$\bar{W}_3 = \sum_{j=1}^{n} \bar{b}_{3j} = 0.1111 + 0.1290 + 0.1 = 0.3401$$

形成向量 $\bar{W}_i = (\bar{W}_1, \bar{W}_2, \bar{W}_3)^{\mathrm{T}}$，将其正规化，得到：

$$W_i = \bar{W}_i / \sum_{j=1}^{n} \bar{W}_j, \ i = 1, 2, \cdots, n$$

$$\sum_{j=1}^{n} \bar{W}_j = \sum_{i=1}^{n} \bar{b}_{ij} = 1.5395 + 1.1204 + 0.3401 = 3$$

$$W_1 = \overline{W}_1 / \sum_{j=1}^{n} \overline{W}_j = 1.5395/3 = 0.5132$$

$$W_2 = \overline{W}_2 / \sum_{j=1}^{n} \overline{W}_j = 1.1204/3 = 0.3735$$

$$W_3 = \overline{W}_3 / \sum_{j=1}^{n} \overline{W}_j = 0.3401/3 = 0.1134$$

因此，特征向量 $W = (0.5132, 0.3735, 0.1134)^{\mathrm{T}}$，据此计算判断矩阵的最大特征根 $\lambda_{\max}$。根据特征根公式：

$$\lambda_{\max} = \sum_{i=1}^{n} \frac{(BW)_i}{nW_i} = \frac{\sum_{i=1}^{n} \frac{(BW)_i}{W_i}}{n}$$

将数据代入上式，得到：

$$BW = \begin{bmatrix} 1 & 5/4 & 5 \\ 4/5 & 1 & 3 \\ 1/5 & 1/3 & 1 \end{bmatrix} \begin{bmatrix} 0.5132 \\ 0.3735 \\ 0.1134 \end{bmatrix} = \begin{bmatrix} (BW)_1 \\ (BW)_2 \\ (BW)_3 \end{bmatrix}$$

$(BW)_1 = 0.5132 \times 1 + 0.3735 \times 5/4 + 0.1134 \times 5 = 1.5471$

$(BW)_2 = 0.5132 \times 4/5 + 0.3735 \times 1 + 0.1134 \times 3 = 1.1243$

$(BW)_3 = 0.5132 \times 1/5 + 0.3735 \times 1/3 + 0.1134 \times 1 = 0.3405$

代入最大特征根公式，得到：

$$\lambda_{\max} = \sum_{i=1}^{n} \frac{(BW)_i}{nW_i} = \frac{\sum_{i=1}^{n} \frac{(BW)_i}{W_i}}{n} = \left[\frac{(BW)_1}{W_1} + \frac{(BW)_2}{W_2} + \frac{(BW)_3}{W_3} \right] / 3$$

$$= (1.5471/0.5132 + 1.1243/0.3735 + 0.3405/0.1134)/3$$

$$= 3.0091$$

最后进行一致性检验，也就是检验该矩阵是否具有合格满意的一致性。通常我们会采用 CI 作为一致性指标，$CI = (\lambda_{\max} - n)/(n - 1) = (3.0091 - 3)/(3 - 1) = 0.0046$。经查表 5-1 可知，三阶矩阵的平均随机一致性指标 $RI = 0.58$，则该矩阵的随机一致性比例 $CR = CI/RI =$

$0.0046/0.58 = 0.0079 < 0.1$，因此该矩阵具有满意的一致性，排序为：$W = (0.5132, 0.3735, 0.1134)^\mathrm{T}$。

表 5-1   90% 置信水平下一致性指标标准值

n	1	2	3	4	5	6	7	8	9	10
RI	0.00	0.00	0.58	0.9	1.12	1.24	1.32	1.41	1.45	1.49

5.1.2.2 二级指标一致性检验并计算权重

（1）建立金融安全判断矩阵：

$$\begin{bmatrix} 1 & 9/7 & 9/5 & 3 & 9/2 \\ 7/9 & 1 & 7/5 & 7/4 & 7 \\ 5/9 & 5/7 & 1 & 5/3 & 5 \\ 1/3 & 4/7 & 3/5 & 1 & 3 \\ 2/9 & 1/7 & 1/5 & 1/3 & 1 \end{bmatrix}$$

按列正规化后，得到：

$$\begin{bmatrix} 0.3462 & 0.3462 & 0.36 & 0.3871 & 0.2195 \\ 0.2692 & 0.2692 & 0.28 & 0.2258 & 0.3415 \\ 0.1923 & 0.1923 & 0.2 & 0.2151 & 0.2439 \\ 0.1154 & 0.1538 & 0.12 & 0.1290 & 0.1463 \\ 0.0769 & 0.0385 & 0.04 & 0.0430 & 0.0488 \end{bmatrix}$$

按列正规化后的矩阵按行相加，得到：

$$\overline{W}_i = \sum_{j=1}^{n} \bar{b}_{ij}, \quad j = 1, 2, \cdots, n$$

将取值代入上式，得到：

$$\overline{W}_1 = \sum_{j=1}^{n} \bar{b}_{1j} = 0.3462 + 0.3462 + 0.36 + 0.3871 + 0.2195 = $$

1.659

$$\overline{W}_2 = \sum_{j=1}^{n} \bar{b}_{2j} = 0.2692 + 0.2692 + 0.28 + 0.2258 + 0.3415 = 1.3857$$

$$\overline{W}_3 = \sum_{j=1}^{n} \bar{b}_{3j} = 0.1923 + 0.1923 + 0.2 + 0.2151 + 0.2439 = 1.0436$$

$$\overline{W}_4 = \sum_{j=1}^{n} \bar{b}_{3j} = 0.1154 + 0.1538 + 0.12 + 0.1290 + 0.1463 = 0.6645$$

$$\overline{W}_5 = \sum_{j=1}^{n} \bar{b}_{3j} = 0.0769 + 0.0385 + 0.04 + 0.043 + 0.0488 = 0.2472$$

形成向量 $\overline{W}_i = (\overline{W}_1, \overline{W}_2, \overline{W}_3, \overline{W}_4, \overline{W}_5)^{\mathrm{T}}$，将其正规化，得到：

$$W_i = \overline{W}_i \Big/ \sum_{j=1}^{n} \overline{W}_j, \quad i = 1, 2, \cdots, n$$

$$\sum_{j=1}^{n} \overline{W}_j = \sum_{j=1}^{n} \bar{b}_{ij} = 1.659 + 1.3857 + 1.0436 + 0.6645 + 0.2472 = 5$$

$$W_1 = \overline{W}_1 \Big/ \sum_{j=1}^{n} \overline{W}_j = 1.659/5 = 0.3318$$

$$W_2 = \overline{W}_2 \Big/ \sum_{j=1}^{n} \overline{W}_j = 1.3857/5 = 0.2771$$

$$W_3 = \overline{W}_3 \Big/ \sum_{j=1}^{n} \overline{W}_j = 1.0436/5 = 0.2087$$

$$W_4 = \overline{W}_4 \Big/ \sum_{j=1}^{n} \overline{W}_j = 0.6645/5 = 0.1329$$

$$W_5 = \overline{W}_5 \Big/ \sum_{j=1}^{n} \overline{W}_j = 0.2472/5 = 0.0494$$

因此，特征向量 $W = (0.3318, 0.2771, 0.2087, 0.1329, 0.0494)^{\mathrm{T}}$，据此计算判断矩阵的最大特征根 $\lambda_{\max}$。

$$\lambda_{\max} = \sum_{i=1}^{n} \frac{(BW)_i}{nW_i} = \frac{\sum_{i=1}^{n} \dfrac{(BW)_i}{W_i}}{n}$$

将数据代入上式得到：

$$BW = \begin{bmatrix} 1 & 9/7 & 9/5 & 3 & 9/2 \\ 7/9 & 1 & 7/5 & 7/4 & 7 \\ 5/9 & 5/7 & 1 & 5/3 & 5 \\ 1/3 & 4/7 & 3/5 & 1 & 3 \\ 2/9 & 1/7 & 1/5 & 1/3 & 1 \end{bmatrix} \begin{bmatrix} 0.3318 \\ 0.2771 \\ 0.2087 \\ 0.1329 \\ 0.0494 \end{bmatrix} = \begin{bmatrix} (BW)_1 \\ (BW)_2 \\ (BW)_3 \\ (BW)_4 \\ (BW)_5 \end{bmatrix}$$

$(BW)_1 = 0.3318 \times 1 + 0.2771 \times 9/7 + 0.2087 \times 9/5 + 0.1329 \times 3 + 0.0494 \times 9/2 = 1.6847$

$(BW)_2 = 0.3318 \times 7/9 + 0.2771 \times 1 + 0.2087 \times 7/5 + 0.1329 \times 7/4 + 0.0494 \times 7 = 1.4057$

$(BW)_3 = 0.3318 \times 5/9 + 0.2771 \times 5/7 + 0.2087 \times 1 + 0.1329 \times 5/3 + 0.0494 \times 5 = 1.0595$

$(BW)_4 = 0.3318 \times 1/3 + 0.2771 \times 4/7 + 0.2087 \times 3/5 + 0.1329 \times 1 + 0.0494 \times 3 = 0.6753$

$(BW)_5 = 0.3318 \times 2/9 + 0.2771 \times 1/7 + 0.2087 \times 1/5 + 0.1329 \times 1/3 + 0.0494 \times 1 = 0.2488$

代入最大特征根公式，得到：

$$\lambda_{max} = \sum_{i=1}^{n} \frac{(BW)_i}{nW_i} = \frac{\sum_{i=1}^{n} \frac{(BW)_i}{W_i}}{n}$$

$$= \left[\frac{(BW)_1}{W_1} + \frac{(BW)_2}{W_2} + \frac{(BW)_3}{W_3} + \frac{(BW)_4}{W_4} + \frac{(BW)_5}{W_5} \right] / n$$

$$= (1.6847/0.3318 + 1.4057/0.2771 + 1.0595/0.2087 +$$

$$0.6753/0.1329 + 0.2488/0.0494)/5$$

$$= 5.0689$$

最后进行一致性检验，也就是检验该矩阵是否具有合格满意的一致性。通常我们会采用 CI 作为一致性指标，$CI = (\lambda_{\max} - n)/(n - 1) = (5.0689 - 5)/(5 - 1) = 0.0172$。经查表 5 - 1 可知，五阶矩阵的平均随机一致性指标 $RI = 1.12$，则该矩阵的随机一致性比例 $CR = CI/RI = 0.0172/1.12 = 0.0154 < 0.1$，因此该矩阵具有满意的一致性，排序为：$W = (0.3318，0.2771，0.2087，0.1329，0.0494)^{\mathrm{T}}$。

（2）建立金融风险预防判断矩阵：

$$\begin{bmatrix} 1 & 5/7 & 5/3 & 5/2 \\ 7/5 & 1 & 2 & 7/2 \\ 3/5 & 1/2 & 1 & 2 \\ 2/5 & 2/7 & 1/2 & 1 \end{bmatrix}$$

按列正规化后，得到：

$$\begin{bmatrix} 0.2941 & 0.2857 & 0.3226 & 0.2778 \\ 0.4118 & 0.4 & 0.3871 & 0.3889 \\ 0.1765 & 0.2 & 0.1935 & 0.2222 \\ 0.1176 & 0.1143 & 0.0968 & 0.1111 \end{bmatrix}$$

按列正规化后的矩阵按行相加，得到：

$$\bar{W}_i = \sum_{j=1}^{n} \bar{b}_{ij}, \ j = 1, \ 2, \ \cdots, \ n$$

将取值代入上式，得到：

$$\bar{W}_1 = \sum_{j=1}^{n} \bar{b}_{1j} = 0.2941 + 0.2857 + 0.3226 + 0.2778 = 1.1802$$

$$\bar{W}_2 = \sum_{j=1}^{n} \bar{b}_{2j} = 0.4118 + 0.4 + 0.3871 + 0.3889 = 1.5878$$

$$\bar{W}_3 = \sum_{j=1}^{n} \bar{b}_{3j} = 0.1765 + 0.2 + 0.1935 + 0.2222 = 0.7922$$

$$\bar{W}_4 = \sum_{j=1}^{n} \bar{b}_{3j} = 0.1176 + 0.1143 + 0.0968 + 0.1111 = 0.4398$$

形成向量 $\bar{W}_i = (\bar{W}_1，\bar{W}_2，\bar{W}_3，\bar{W}_4)^{\mathrm{T}}$，将其正规化，得到：

$$W_i = \bar{W}_i \Big/ \sum_{j=1}^{n} \bar{W}_j, \quad i = 1, 2, \cdots, n$$

$$\sum_{j=1}^{n} \bar{W}_j = \sum_{j=1}^{n} \bar{b}_{ij} = 1.1802 + 1.5878 + 0.7922 + 0.4398 = 4$$

$$W_1 = \bar{W}_1 \Big/ \sum_{j=1}^{n} \bar{W}_j = 1.1802/4 = 0.2951$$

$$W_2 = \bar{W}_2 \Big/ \sum_{j=1}^{n} \bar{W}_j = 1.5878/4 = 0.3970$$

$$W_3 = \bar{W}_3 \Big/ \sum_{j=1}^{n} \bar{W}_j = 0.7922/4 = 0.1981$$

$$W_4 = \bar{W}_4 \Big/ \sum_{j=1}^{n} \bar{W}_j = 0.4398/4 = 0.1100$$

因此,特征向量 $W = (0.2951, 0.3970, 0.1981, 0.1100)^{\mathrm{T}}$,据此计算判断矩阵的最大特征根 $\lambda_{\max}$。

$$\lambda_{\max} = \sum_{i=1}^{n} \frac{(BW)_i}{nW_i} = \frac{\sum_{i=1}^{n} \frac{(BW)_i}{W_i}}{n}$$

将数据代入上式,得到:

$$BW = \begin{bmatrix} 1 & 5/7 & 5/3 & 5/2 \\ 7/5 & 1 & 2 & 7/2 \\ 3/5 & 1/2 & 1 & 2 \\ 2/5 & 2/7 & 1/2 & 1 \end{bmatrix} \begin{bmatrix} 0.2951 \\ 0.3970 \\ 0.1981 \\ 0.1100 \end{bmatrix} = \begin{bmatrix} (BW)_1 \\ (BW)_2 \\ (BW)_3 \\ (BW)_4 \end{bmatrix}$$

$(BW)_1 = 0.2951 \times 1 + 0.3970 \times 5/7 + 0.1981 \times 5/3 + 0.1100 \times 5/2 = 1.1838$

$(BW)_2 = 0.2951 \times 7/5 + 0.3970 \times 1 + 0.1981 \times 2 + 0.1100 \times 7/2 = 1.5913$

$(BW)_3 = 0.2951 \times 3/5 + 0.3970 \times 1/2 + 0.1981 \times 1 + 0.1100 \times 2 = 0.7937$

$(BW)_4 = 0.2951 \times 2/5 + 0.3970 \times 2/7 + 0.1981 \times 1/2 + 0.1100 \times$

1 = 0.4405

代入最大特征根公式, 得到:

$$\lambda_{max} = \sum_{i=1}^{n} \frac{(BW)_i}{nW_i} = \frac{\sum_{i=1}^{n} \frac{(BW)_i}{W_i}}{n}$$

$$= \left[\frac{(BW)_1}{W_1} + \frac{(BW)_2}{W_2} + \frac{(BW)_3}{W_3} + \frac{(BW)_4}{W_4} \right] / n$$

$$= (1.1838/0.2951 + 1.5913/0.3970 + 0.7937/0.1981 +$$

$$0.4405/0.1100)/4$$

$$= 4.0077$$

最后进行一致性检验, 也就是检验该矩阵是否具有合格满意的一致性。通常我们会采用 CI 作为一致性指标, $CI = (\lambda_{max} - n)/(n - 1) = (4.0077 - 4)/(4 - 1) = 0.0026$, 经查表 5 - 1 可知, 四阶矩阵的平均随机一致性指标 $RI = 0.9$, 则该矩阵的随机一致性比例 $CR = CI/RI = 0.0026/0.9 = 0.0029 < 0.1$, 因此该矩阵具有满意的一致性, 排序为: $W = (0.2951, 0.3970, 0.1981, 0.1100)^T$。

(3) 建立金融效率判断矩阵:

$$\begin{bmatrix} 1 & 9/2 & 3 & 9/7 & 9/7 \\ 2/9 & 1 & 2/3 & 2/5 & 2/7 \\ 1/3 & 3/2 & 1 & 3/7 & 1/2 \\ 7/9 & 5/2 & 7/3 & 1 & 7/5 \\ 7/9 & 7/2 & 2 & 5/7 & 1 \end{bmatrix}$$

按列正规化后, 得到:

$$\begin{bmatrix} 0.3214 & 0.3462 & 0.3333 & 0.3358 & 0.2875 \\ 0.0714 & 0.0769 & 0.0741 & 0.1045 & 0.0639 \\ 0.1071 & 0.1154 & 0.1111 & 0.1119 & 0.1118 \\ 0.25 & 0.1923 & 0.2593 & 0.2612 & 0.3131 \\ 0.25 & 0.2692 & 0.2222 & 0.1866 & 0.2236 \end{bmatrix}$$

按列正规化后的矩阵按行相加，得到：

$$\bar{W}_i = \sum_{j=1}^{n} \bar{b}_{ij}, \ j = 1, \ 2, \ \cdots, \ n$$

将取值代入上式，得到：

$$\bar{W}_1 = \sum_{j=1}^{n} \bar{b}_{1j} = 0.3214 + 0.3462 + 0.3333 + 0.3358 + 0.2875 = $$

1.6242

$$\bar{W}_2 = \sum_{j=1}^{n} \bar{b}_{2j} = 0.0714 + 0.0769 + 0.0741 + 0.1045 + 0.0639 = $$

0.3908

$$\bar{W}_3 = \sum_{j=1}^{n} \bar{b}_{3j} = 0.1071 + 0.1154 + 0.1111 + 0.1119 + 0.1118 = $$

0.5573

$$\bar{W}_4 = \sum_{j=1}^{n} \bar{b}_{3j} = 0.25 + 0.1923 + 0.2593 + 0.2612 + 0.3131 = $$

1.2759

$$\bar{W}_5 = \sum_{j=1}^{n} \bar{b}_{3j} = 0.25 + 0.2692 + 0.2222 + 0.1866 + 0.2236 = $$

1.1516

形成向量 $\bar{W}_i = (\bar{W}_1, \ \bar{W}_2, \ \bar{W}_3, \ \bar{W}_4, \ \bar{W}_5)^{\mathrm{T}}$，将其正规化，得到：

$$W_i = \bar{W}_i / \sum_{j=1}^{n} \bar{W}_j, \ i = 1, \ 2, \ \cdots, \ n$$

$$\sum_{j=1}^{n} \bar{W}_j = \sum_{j=1}^{n} \bar{b}_{ij} = 1.6242 + 0.3908 + 0.5573 + 1.2759 + 1.1516 = $$

4.9998 ≈ 5

$$W_1 = \overline{W}_1 / \sum_{j=1}^{n} \overline{W}_j = 1.6242/5 = 0.3248$$

$$W_2 = \overline{W}_2 / \sum_{j=1}^{n} \overline{W}_j = 0.3908/5 = 0.0782$$

$$W_3 = \overline{W}_3 / \sum_{j=1}^{n} \overline{W}_j = 0.5573/5 = 0.1115$$

$$W_4 = \overline{W}_4 / \sum_{j=1}^{n} \overline{W}_j = 1.2759/5 = 0.2552$$

$$W_5 = \overline{W}_5 / \sum_{j=1}^{n} \overline{W}_j = 1.1516/5 = 0.2303$$

因此，特征向量 $W = (0.3248, 0.0782, 0.1115, 0.2552,$ $0.2303)^{\mathrm{T}}$，据此计算判断矩阵的最大特征根 $\lambda_{\max}$。

$$\lambda_{\max} = \sum_{i=1}^{n} \frac{(BW)_i}{nW_i} = \frac{\sum_{i=1}^{n} \frac{(BW)_i}{W_i}}{n}$$

将数据代入上式，得到：

$$BW = \begin{bmatrix} 1 & 9/2 & 3 & 9/7 & 9/7 \\ 2/9 & 1 & 2/3 & 2/5 & 2/7 \\ 1/3 & 3/2 & 1 & 3/7 & 1/2 \\ 7/9 & 5/2 & 7/3 & 1 & 7/5 \\ 7/9 & 7/2 & 2 & 5/7 & 1 \end{bmatrix} \begin{bmatrix} 0.3248 \\ 0.0782 \\ 0.1115 \\ 0.2552 \\ 0.2303 \end{bmatrix} = \begin{bmatrix} (BW)_1 \\ (BW)_2 \\ (BW)_3 \\ (BW)_4 \\ (BW)_5 \end{bmatrix}$$

$(BW)_1 = 0.3248 \times 1 + 0.0782 \times 9/2 + 0.1115 \times 3 + 0.2552 \times 9/7 + 0.2303 \times 9/7 = 1.6354$

$(BW)_2 = 0.3248 \times 2/9 + 0.0782 \times 1 + 0.1115 \times 2/3 + 0.2552 \times 2/5 + 0.2303 \times 2/7 = 0.3926$

$(BW)_3 = 0.3248 \times 1/3 + 0.0782 \times 3/2 + 0.1115 \times 1 + 0.2552 \times 3/7 + 0.2303 \times 1/2 = 0.5616$

$(BW)_4 = 0.3248 \times 7/9 + 0.0782 \times 5/2 + 0.1115 \times 7/3 + 0.2552 \times 1 + 0.2303 \times 7/5 = 1.2887$

$(BW)_5 = 0.3248 \times 7/9 + 0.0782 \times 7/2 + 0.1115 \times 2 + 0.2552 \times 5/7 + 0.2303 \times 1 = 1.1647$

代入最大特征根公式，得到：

$$\lambda_{max} = \sum_{i=1}^{n} \frac{(BW)_i}{nW_i} = \frac{\sum_{i=1}^{n} \frac{(BW)_i}{W_i}}{n}$$

$$= \left[\frac{(BW)_1}{W_1} + \frac{(BW)_2}{W_2} + \frac{(BW)_3}{W_3} + \frac{(BW)_4}{W_4} + \frac{(BW)_5}{W_5} \right] / n$$

$$= (1.6354/0.3248 + 0.3926/0.0782 + 0.5616/0.1115 +$$
$$1.2887/0.2552 + 1.1647/0.2303)/5$$

$$= 5.0399$$

最后进行一致性检验，也就是检验该矩阵是否具有合格满意的一致性。通常我们会采用 CI 作为一致性指标，$CI = (\lambda_{max} - n)/(n - 1) = (5.0399 - 5)/(5 - 1) = 0.0100$，经查表 5 - 1 可知，五阶矩阵的平均随机一致性指标 $RI = 1.12$，则该矩阵的随机一致性比例 $CR = CI/RI = 0.0100/1.12 = 0.0089 < 0.1$，因此该矩阵具有满意的一致性，排序为：$W = (0.3248, 0.0782, 0.1115, 0.2552, 0.2303)^T$。

5.1.3 评估结果分析

综上所述，统一金融监管模式下的金融监管效率一级、二级指标权重如表 5 - 2 所示。

表 5 - 2 统一监管模式评估指标权重

一级指标序号	一级指标权重序号	一级指标权重	二级指标序号	二级指标权重序号	二级指标权重	总权重	排序
A_1	W_1	0.5132	B_1	W_{11}	0.3318	0.1703	1
			B_2	W_{12}	0.2771	0.1422	3
			B_3	W_{13}	0.2087	0.1071	5
			B_4	W_{14}	0.1329	0.0682	7
			B_5	W_{15}	0.0494	0.0254	12
A_2	W_2	0.3735	B_6	W_{21}	0.2951	0.1102	4
			B_7	W_{22}	0.3970	0.1483	2
			B_8	W_{23}	0.1981	0.0740	6
			B_9	W_{24}	0.1100	0.0411	8
A_3	W_3	0.1134	B_{10}	W_{31}	0.3248	0.0368	9
			B_{11}	W_{32}	0.0782	0.0089	14
			B_{12}	W_{33}	0.1115	0.0126	13
			B_{13}	W_{34}	0.2552	0.0289	10
			B_{14}	W_{35}	0.2303	0.0261	11

根据表 5 - 2 的数据计算结果，得出以下结论：

一级指标分析：在统一监管模式下，衡量其监管效率的金融安全、金融风险预防、金融效率三个一级指标中，金融安全占比最高，占比 51.32%；金融效率占比最低，占比 11.34%；金融风险预防占比居中，占比 37.35%。这主要源于统一监管模式是在 1978 ~ 1992 年这个时间段实行的，在改革开放初期，金融业刚刚开始发展，中国人民银行对金融业的监管目标以安全稳定为主，金融风险预防主要是针对金融机构的内控机制、风险日常管理，而这个阶段的金融机构主要是为了执行国家的改革开放政策，并不太考量金融效率的问题，因此，模型结果显示在统一金融监管模式下，金融安全目标完成度最高，金融风险预防目标居中，金融效率目标完成度最低。

二级指标分析：一级指标金融安全项下的存款人和投资者信心、货币政策实施、市场准入和退出、突发事件的处理、金融犯罪的减少五项二级指标所占权重分别为 0.3318、0.2771、0.2087、0.1329、0.0494，前三者所占比重和为 81.76%，基本上决定了金融安全监管目标实现与否。一级指标金融风险预防项下的内控机制、风险管理、信息披露、风险传递控制程度四项二级指标中，完成度权重分别为 0.2951、0.3970、0.1981、0.1100，表明风险管理是金融风险预防监管目标中完成度最高的指标，其次是内控机制，这两项所占权重加起来将近 70%，已经基本决定金融风险预防监管目标的实现与否，还有信息披露也占有较大比重，将近 20%，显示了信息在金融市场上的重要性，也体现了完善信息披露制度的迫切性。一级指标金融效率项下的监管成本、监管真空、重复监管、金融创新、市场竞争五项二级指标中，完成度权重分别为 0.3248、0.0782、0.1115、0.2552、0.2303，表明控制监管成本是达到金融效率监管目标中完成度最高的指标，其次是金融创新和市场竞争，三者权重和为 81.03%，基本决定了金融效率监管目标的实现与否。监管成本是实施金融监管时历来需要考量的重要因素，也有很多文献专门进行金融监管的成本收益分析。金融创新带动了近代金融业的繁荣与发展，是近年来非常热门的一个研究课题，但在人民银行统一监管的改革开放初期阶段，金融创新尚未被金融业所重视，因此目标完成度占位靠后，位列 13。市场竞争目标完成度也较低，由于金融业的天然垄断特性以及在统一监管阶段金融业的发展状况，市场竞争并不明显，因此市场竞争在金融监管目标中实现程度位次也比较靠后，位列 11。

总的来说，根据表5-2中综合考量一级指标、二级指标所占权重而列出的总排序，在统一监管阶段，监管效率的高低，在本书中也就是监管目标的实现程度，主要受到监管安全和监管风险预防两个指标的影响。因为总排序的前八名都被这两个一级指标所对应的二级指标占据，体现了在金融监管效率中金融安全和金融风险预防是完成度最高的监管指标。而金融效率在一级指标中所占权重最低，仅有11.34%，二级指标权重在总排序中排名9~14名不等，可见其完成度较低。此外，金融效率中的重复监管、监管真空分别在总排序中位居第13、14名，说明在当时的统一金融监管模式下，相较于其他因素而言二者完成度较低。主要原因是在人民银行统一监管阶段，各大商业银行还属于国有商业银行，存款人和投资者中还有很多人将四大国有商业银行视为国家政府部门，而实际上当时它们也确实是以执行国家经济金融政策为主要经营目标，因此这一阶段存款人和投资者的信心是毋庸置疑的，高居金融监管目标完成程度第一的位置；其次是风险管理，在统一监管模式下，对于金融监管目标的实现中金融风险预防主要体现在日常风险管理方面，位居第二；第三是货币政策实施，再次体现了统一监管时期金融监管目标的政府性特征；第四是内控机制，也是属于金融风险预防项完成度较高的监管指标，因此是位次较高的一项。

5.2

分业监管模式金融监管效率实证分析

我国采用分业监管模式是在1993~2016年，这段时间由银监会、证监会、保监会分别对各自领域的金融机构、金融业务和金融市场实施监管。运用模糊层次综合评价分析法，对该阶段的金融监管效率做实证分析。

5.2.1 建立判断矩阵

首先，通过问卷调查获得分业监管模式下三个金融监管目标的重要性等级及赋分，建立一级指标判断矩阵如下：

$$A = \begin{bmatrix} 1 & 5/6 & 5/8 \\ 6/5 & 1 & 7/8 \\ 8/5 & 8/7 & 1 \end{bmatrix}, \quad A_{ij} = A_i / A_j$$

其次，计算二级风险指标权重。使用专家咨询、调研和调查问卷法，分析得出了我国分业监管模式下的二级指标判断矩阵，如下所示。

金融安全判断矩阵：

$$\begin{bmatrix} 1 & 6/5 & 6/5 & 6/8 & 6/7 \\ 5/6 & 1 & 1 & 5/8 & 5/8 \\ 5/6 & 1 & 1 & 1/2 & 5/8 \\ 8/6 & 8/5 & 2 & 1 & 1 \\ 7/6 & 8/5 & 8/5 & 1 & 1 \end{bmatrix}$$

金融风险预防判断矩阵：

$$\begin{bmatrix} 1 & 1 & 9/7 & 9/7 \\ 1 & 1 & 9/7 & 9/7 \\ 7/9 & 7/9 & 1 & 8/7 \\ 7/9 & 7/9 & 7/8 & 1 \end{bmatrix}$$

金融效率判断矩阵：

$$\begin{bmatrix} 1 & 9/6 & 9/6 & 1 & 9/8 \\ 6/9 & 1 & 1 & 5/9 & 6/8 \\ 6/9 & 1 & 1 & 6/9 & 5/8 \\ 1 & 9/5 & 9/6 & 1 & 9/8 \\ 8/9 & 8/6 & 8/5 & 8/9 & 1 \end{bmatrix}$$

5.2.2　一致性检验与权重

5.2.2.1　一级指标一致性检验并计算权重

根据公式使用和积法计算判断矩阵的特征根和特征向量，首先对一级指标进行一致性检验，将一级指标矩阵每列按列正规化可得：

$$\begin{bmatrix} 1 & 5/6 & 5/8 \\ 6/5 & 1 & 7/8 \\ 8/5 & 8/7 & 1 \end{bmatrix} \blacktriangleright \begin{bmatrix} 0.2632 & 0.28 & 0.25 \\ 0.3158 & 0.336 & 0.35 \\ 0.4211 & 0.384 & 0.4 \end{bmatrix}$$

按列正规化后的矩阵按行相加，得到：

$$\overline{W}_i = \sum_{j=1}^{n} \bar{b}_{ij}, \ j = 1, \ 2, \ \cdots, \ n$$

将取值代入上式，得到：

$$\overline{W}_1 = \sum_{j=1}^{n} \bar{b}_{1j} = 0.7932, \quad \overline{W}_2 = \sum_{j=1}^{n} \bar{b}_{2j} = 1.0018, \quad \overline{W}_3 = \sum_{j=1}^{n} \bar{b}_{3j} = 1.2051$$

形成向量 $\overline{W}_i = (\overline{W}_1, \ \overline{W}_2, \ \overline{W}_3)^T = (0.7932, \ 1.0018, \ 1.2051)^T$，将其正规化，得到：

$$W_i = \overline{W}_i / \sum_{j=1}^{n} \overline{W}_j, \ i = 1, \ 2, \ \cdots, \ n$$

$$\sum_{j=1}^{n} \overline{W}_j = \sum_{j=1}^{n} \bar{b}_{ij} = 0.7932 + 1.0018 + 1.2051 = 3.0001$$

$$W_1 = \overline{W}_1 / \sum_{j=1}^{n} \overline{W}_j = 0.7932/3.0001 = 0.2644$$

$$W_2 = \overline{W}_2 / \sum_{j=1}^{n} \overline{W}_j = 1.0018/3.0001 = 0.3339$$

$$W_3 = \overline{W}_3 / \sum_{j=1}^{n} \overline{W}_j = 1.2051/3.0001 = 0.4017$$

因此特征向量 $W = (0.2644, 0.3339, 0.4017)^T$,据此计算判断矩阵的最大特征根 λ_{max}。

$$\lambda_{max} = \sum_{i=1}^{n} \frac{(BW)_i}{nW_i} = \frac{\sum_{i=1}^{n} \frac{(BW)_i}{W_i}}{n}$$

将数据代入上式,得到:

$$BW = \begin{bmatrix} 1 & 5/6 & 5/8 \\ 6/5 & 1 & 7/8 \\ 8/5 & 8/7 & 1 \end{bmatrix} \begin{bmatrix} 0.2644 \\ 0.3339 \\ 0.4017 \end{bmatrix} = \begin{bmatrix} (BW)_1 \\ (BW)_2 \\ (BW)_3 \end{bmatrix}$$

$(BW)_1 = 0.7937$,$(BW)_2 = 1.0027$,$(BW)_3 = 1.2063$

代入最大特征根公式,得到:

$$\lambda_{max} = \sum_{i=1}^{n} \frac{(BW)_i}{nW_i} = \frac{\sum_{i=1}^{n} \frac{(BW)_i}{W_i}}{n} = \left[\frac{(BW)_1}{W_1} + \frac{(BW)_2}{W_2} + \frac{(BW)_3}{W_3} \right] /3$$

$$= 3.0026$$

最后进行一致性检验,也就是检验该矩阵是否具有合格满意的一致性。通常我们会采用 CI 作为一致性指标,$CI = (\lambda_{max} - n)/(n - 1) = (3.0026 - 3)/(3 - 1) = 0.0013$。经查表 5 - 1 可知,三阶矩阵的平均随机一致性指标 $RI = 0.58$,则该矩阵的随机一致性比例 $CR = CI/RI = 0.0013/0.58 = 0.0022 < 0.1$,因此该矩阵具有满意的一致性,排序为:$W = (0.2644, 0.3339, 0.4017)^T$。

5.2.2.2　二级指标一致性检验

（1）建立金融安全判断矩阵：

$$\begin{bmatrix} 1 & 6/5 & 6/5 & 6/8 & 6/7 \\ 5/6 & 1 & 1 & 5/8 & 5/8 \\ 5/6 & 1 & 1 & 1/2 & 5/8 \\ 8/6 & 8/5 & 2 & 1 & 1 \\ 7/6 & 8/5 & 8/5 & 1 & 1 \end{bmatrix}$$

按列正规化后，得到：

$$\begin{bmatrix} 0.1935 & 0.1875 & 0.1765 & 0.1935 & 0.2087 \\ 0.1613 & 0.1563 & 0.1471 & 0.1613 & 0.1522 \\ 0.1613 & 0.1563 & 0.1471 & 0.1290 & 0.1522 \\ 0.2581 & 0.25 & 0.2941 & 0.2581 & 0.2435 \\ 0.2258 & 0.25 & 0.2353 & 0.2581 & 0.2435 \end{bmatrix}$$

按列正规化后的矩阵按行相加，得到：

$$\overline{W}_i = \sum_{j=1}^{n} \overline{b}_{ij}, \ j = 1, \ 2, \ \cdots, \ n$$

将取值代入上式，得到：

$$\overline{W}_1 = \sum_{j=1}^{n} \overline{b}_{1j} = 0.9597, \ \overline{W}_2 = \sum_{j=1}^{n} \overline{b}_{2j} = 0.7782, \ \overline{W}_3 = \sum_{j=1}^{n} \overline{b}_{3j} =$$

$$0.7459, \ \overline{W}_4 = \sum_{j=1}^{n} \overline{b}_{3j} = 1.3038, \ \overline{W}_5 = \sum_{j=1}^{n} \overline{b}_{3j} = 1.2127$$

形成向量 $\overline{W}_i = (\overline{W}_1, \ \overline{W}_2, \ \overline{W}_3, \ \overline{W}_4, \ \overline{W}_5)^T = (0.9597,$

$0.7782, \ 0.7459, \ 1.3038, \ 1.2127)^T$，将其正规化，得到：

$$W_i = \overline{W}_i \Big/ \sum_{j=1}^{n} \overline{W}_j, \ i = 1, \ 2, \ \cdots, \ n$$

$$\sum_{j=1}^{n} \overline{W}_j = \sum_{j=1}^{n} \overline{b}_{ij} = 0.9597 + 0.7782 + 0.7459 + 1.3038 + 1.2127 = 5.0003$$

$$W_1 = \overline{W}_1 / \sum_{j=1}^{n} \overline{W}_j = 0.9597/5.0003 = 0.1919$$

$$W_2 = \overline{W}_2 / \sum_{j=1}^{n} \overline{W}_j = 0.7782/5.0003 = 0.1556$$

$$W_3 = \overline{W}_3 / \sum_{j=1}^{n} \overline{W}_j = 0.7459/5.0003 = 0.1492$$

$$W_4 = \overline{W}_4 / \sum_{j=1}^{n} \overline{W}_j = 1.3038/5.0003 = 0.2607$$

$$W_5 = \overline{W}_5 / \sum_{j=1}^{n} \overline{W}_j = 1.2127/5.0003 = 0.2425$$

因此特征向量 $W = (0.1919, 0.1556, 0.1492, 0.2607, 0.2425)^{\mathrm{T}}$，据此计算判断矩阵的最大特征根 $\lambda_{\max}$。

$$\lambda_{\max} = \sum_{i=1}^{n} \frac{(BW)_i}{nW_i} = \frac{\sum_{i=1}^{n} \frac{(BW)_i}{W_i}}{n}$$

将数据代入上式，得到：

$$BW = \begin{bmatrix} 1 & 6/5 & 6/5 & 6/8 & 6/7 \\ 5/6 & 1 & 1 & 5/8 & 5/8 \\ 5/6 & 1 & 1 & 1/2 & 5/8 \\ 8/6 & 8/5 & 2 & 1 & 1 \\ 7/6 & 8/5 & 8/5 & 1 & 1 \end{bmatrix} \begin{bmatrix} 0.1919 \\ 0.1556 \\ 0.1492 \\ 0.2607 \\ 0.2425 \end{bmatrix} = \begin{bmatrix} (BW)_1 \\ (BW)_2 \\ (BW)_3 \\ (BW)_4 \\ (BW)_5 \end{bmatrix}$$

$(BW)_1 = 0.9610$，$(BW)_2 = 0.7792$，$(BW)_3 = 0.7466$，$(BW)_4 = 1.3064$，$(BW)_5 = 1.2148$

代入最大特征根公式，得到：

$$\lambda_{\max} = \sum_{i=1}^{n} \frac{(BW)_i}{nW_i} = \frac{\sum_{i=1}^{n} \frac{(BW)_i}{W_i}}{n}$$

$$= \left[\frac{(BW)_1}{W_1} + \frac{(BW)_2}{W_2} + \frac{(BW)_3}{W_3} + \frac{(BW)_4}{W_4} + \frac{(BW)_5}{W_5} \right] / n$$

$= 5.00803$

最后进行一致性检验，也就是检验该矩阵是否具有合格满意的一致性。通常我们会采用 CI 作为一致性指标，$CI = (\lambda_{max} - n) / (n - 1) = (5.00803 - 5) / (5 - 1) = 0.0020$，经查表 5 - 1 可知，五阶矩阵的平均随机一致性指标 $RI = 1.12$，则该矩阵的随机一致性比例 $CR = CI/RI = 0.0020/1.12 = 0.00179 < 0.1$，因此该矩阵具有满意的一致性，且排序为：$W = (0.1919, 0.1556, 0.1492, 0.2607, 0.2425)^\mathrm{T}$。

（2）建立金融风险预防判断矩阵：

$$\begin{bmatrix} 1 & 1 & 9/7 & 9/7 \\ 1 & 1 & 9/7 & 9/7 \\ 7/9 & 7/9 & 1 & 8/7 \\ 7/9 & 7/9 & 7/8 & 1 \end{bmatrix}$$

按列正规化后，得到：

$$\begin{bmatrix} 0.2813 & 0.2813 & 0.2892 & 0.2892 \\ 0.2813 & 0.2813 & 0.2892 & 0.2892 \\ 0.2188 & 0.2188 & 0.2249 & 0.2570 \\ 0.2188 & 0.2188 & 0.1968 & 0.2249 \end{bmatrix}$$

按列正规化后的矩阵按行相加，得到：

$$\bar{W}_i = \sum_{j=1}^{n} \bar{b}_{ij}, \ j = 1, 2, \cdots, n$$

将取值代入上式，得到：

$$\bar{W}_1 = \sum_{j=1}^{n} \bar{b}_{1j} = 1.141, \ \bar{W}_2 = \sum_{j=1}^{n} \bar{b}_{2j} = 1.141, \ \bar{W}_3 = \sum_{j=1}^{n} \bar{b}_{3j} =$$

$0.9195, \ \bar{W}_4 = \sum_{j=1}^{n} \bar{b}_{3j} = 0.8593$

形成向量 $\bar{W}_i = (\bar{W}_1, \bar{W}_2, \bar{W}_3, \bar{W}_4)^\mathrm{T}$，将其正规化，得到：

$$W_i = \bar{W}_i / \sum_{j=1}^{n} \bar{W}_j, \ i = 1, 2, \cdots, n$$

$$\sum_{j=1}^{n} \overline{W}_j = \sum_{j=1}^{n} \overline{b}_{ij} = 1.141 + 1.141 + 0.9195 + 0.8593 = 4.0608$$

$$W_1 = \overline{W}_1 / \sum_{j=1}^{n} \overline{W}_j = 1.141/4.0608 = 0.2810$$

$$W_2 = \overline{W}_2 / \sum_{j=1}^{n} \overline{W}_j = 1.141/4.0608 = 0.2810$$

$$W_3 = \overline{W}_3 / \sum_{j=1}^{n} \overline{W}_j = 0.9195/4.0608 = 0.2264$$

$$W_4 = \overline{W}_4 / \sum_{j=1}^{n} \overline{W}_j = 0.8593/4.0608 = 0.2116$$

因此，特征向量 $W = (0.2810, 0.2810, 0.2264, 0.2116)^{\mathrm{T}}$，据此计算判断矩阵的最大特征根 $\lambda_{\max}$。

$$\lambda_{\max} = \sum_{i=1}^{n} \frac{(BW)_i}{nW_i} = \frac{\sum_{i=1}^{n} \frac{(BW)_i}{W_i}}{n}$$

将数据代入上式，得到：

$$BW = \begin{bmatrix} 1 & 1 & 9/7 & 9/7 \\ 1 & 1 & 9/7 & 9/7 \\ 7/9 & 7/9 & 1 & 8/7 \\ 7/9 & 7/9 & 7/8 & 1 \end{bmatrix} \begin{bmatrix} 0.2810 \\ 0.2810 \\ 0.2264 \\ 0.2116 \end{bmatrix} = \begin{bmatrix} (BW)_1 \\ (BW)_2 \\ (BW)_3 \\ (BW)_4 \end{bmatrix}$$

$(BW)_1 = 1.1251$，$(BW)_2 = 1.1251$，$(BW)_3 = 0.9053$，$(BW)_4 = 0.8468$

代入最大特征根公式，得到：

$$\lambda_{\max} = \sum_{i=1}^{n} \frac{(BW)_i}{nW_i} = \frac{\sum_{i=1}^{n} \frac{(BW)_i}{W_i}}{n}$$

$$= \left[\frac{(BW)_1}{W_1} + \frac{(BW)_2}{W_2} + \frac{(BW)_3}{W_3} + \frac{(BW)_4}{W4} \right] / n = 4.0021$$

最后进行一致性检验，也就是检验该矩阵是否具有合格满意的一致性。通常我们会采用 CI 作为一致性指标，$CI = (\lambda_{\max} - n)/(n - 1) = (4.0021 - 4)/(4 - 1) = 0.0007$。经查表 5 - 1 可知，四阶矩阵的平均随机一致性指标 $RI = 0.9$，则该矩阵的随机一致性比例 $CR = CI/RI = 0.0007/0.9 = 0.0008 < 0.1$，因此该矩阵具有满意的一致性，排序为：$W = (0.2810, 0.2810, 0.2264, 0.2116)^{\mathrm{T}}$。

（3）建立金融效率判断矩阵：

$$\begin{bmatrix} 1 & 9/6 & 9/6 & 1 & 9/8 \\ 6/9 & 1 & 1 & 5/9 & 6/8 \\ 6/9 & 1 & 1 & 6/9 & 5/8 \\ 1 & 9/5 & 9/6 & 1 & 9/8 \\ 8/9 & 8/6 & 8/5 & 8/9 & 1 \end{bmatrix}$$

按列正规化后，得到：

$$\begin{bmatrix} 0.2368 & 0.2261 & 0.2272 & 0.2432 & 0.2432 \\ 0.1579 & 0.1508 & 0.1515 & 0.1351 & 0.1622 \\ 0.1579 & 0.1508 & 0.1515 & 0.1622 & 0.1351 \\ 0.2368 & 0.2714 & 0.2273 & 0.2432 & 0.2432 \\ 0.2105 & 0.2010 & 0.2424 & 0.2162 & 0.2162 \end{bmatrix}$$

按列正规化后的矩阵按行相加，得到：

$$\bar{W}_i = \sum_{j=1}^{n} \bar{b}_{ij}, \quad j = 1, 2, \cdots, n$$

将取值代入上式，得到：

$$\bar{W}_1 = \sum_{j=1}^{n} \bar{b}_{1j} = 1.1765, \quad \bar{W}_2 = \sum_{j=1}^{n} \bar{b}_{2j} = 0.7575, \quad \bar{W}_3 = \sum_{j=1}^{n} \bar{b}_{3j} =$$

0.7575，$\bar{W}_4 = \sum_{j=1}^{n} \bar{b}_{4j} = 1.2219$，$\bar{W}_5 = \sum_{j=1}^{n} \bar{b}_{5j} = 1.0863$

形成向量 $\bar{W}_i = (\bar{W}_1, \bar{W}_2, \bar{W}_3, \bar{W}_4, \bar{W}_5)^{\mathrm{T}}$，将其正规化，得到：

$$W_i = \bar{W}_i / \sum_{j=1}^{n} \bar{W}_j, \quad i = 1, 2, \cdots, n$$

$$\sum_{j=1}^{n} \bar{W}_j = \sum_{j=1}^{n} \bar{b}_{ij} = 4.9997$$

$$W_1 = \bar{W}_1 \Big/ \sum_{j=1}^{n} \bar{W}_j = 1.1765/4.9997 = 0.2353$$

$$W_2 = \bar{W}_2 \Big/ \sum_{j=1}^{n} \bar{W}_j = 0.7575/4.9997 = 0.1515$$

$$W_3 = \bar{W}_3 \Big/ \sum_{j=1}^{n} \bar{W}_j = 0.7575/4.9997 = 0.1515$$

$$W_4 = \bar{W}_4 \Big/ \sum_{j=1}^{n} \bar{W}_j = 1.2219/4.9997 = 0.2444$$

$$W_5 = \bar{W}_5 \Big/ \sum_{j=1}^{n} \bar{W}_j = 1.0863/4.9997 = 0.2173$$

因此，特征向量 $W = (0.2353, 0.1515, 0.1515, 0.2444, 0.2173)^T$，据此计算判断矩阵的最大特征根 λ_{max}。

$$\lambda_{max} = \sum_{i=1}^{n} \frac{(BW)_i}{nW_i} = \frac{\sum_{i=1}^{n} \frac{(BW)_i}{W_i}}{n}$$

将数据代入上式，得到：

$$BW = \begin{bmatrix} 1 & 9/6 & 9/6 & 1 & 9/8 \\ 6/9 & 1 & 1 & 5/9 & 6/8 \\ 6/9 & 1 & 1 & 6/9 & 5/8 \\ 1 & 9/5 & 9/6 & 1 & 9/8 \\ 8/9 & 8/6 & 8/5 & 8/9 & 1 \end{bmatrix} \begin{bmatrix} 0.2353 \\ 0.1515 \\ 0.1515 \\ 0.2444 \\ 0.2173 \end{bmatrix} = \begin{bmatrix} (BW)_1 \\ (BW)_2 \\ (BW)_3 \\ (BW)_4 \\ (BW)_5 \end{bmatrix}$$

$(BW)_1 = 1.1787$，$(BW)_2 = 0.7586$，$(BW)_3 = 0.7586$，$(BW)_4 = 1.2241$，$(BW)_5 = 1.0881$

代入最大特征根公式，得到：

$$\lambda_{max} = \sum_{i=1}^{n} \frac{(BW)_i}{nW_i} = \frac{\sum_{i=1}^{n} \frac{(BW)_i}{W_i}}{n}$$

$$= \left[\frac{(BW)_1}{W_1} + \frac{(BW)_2}{W_2} + \frac{(BW)_3}{W_3} + \frac{(BW)_4}{W_4} + \frac{(BW)_5}{W_5} \right] / n$$

$$= 5.0080$$

最后进行一致性检验，也就是检验该矩阵是否具有合格满意的一致性。通常我们会采用 CI 作为一致性指标，$CI = (\lambda_{max} - n)/(n - 1) = (5.0080 - 5)/(5 - 1) = 0.0020$，经查表 5 - 1 可知，五阶矩阵的平均随机一致性指标 $RI = 1.12$，则该矩阵的随机一致性比例 $CR = CI/RI = 0.0020/1.12 = 0.0018 < 0.1$，因此该矩阵具有满意的一致性，排序为：$W = (0.2353, 0.1515, 0.1515, 0.2444, 0.2173)^T$。

5.2.3　评估结果分析

综上所述，分业金融监管模式下监管目标的实现程度一级、二级指标权重如表 5 - 3 所示。

表 5 - 3　　　　　　　分业监管模式评估指标权重

一级指标序号	一级指标权重序号	一级指标权重	二级指标序号	二级指标权重序号	二级指标权重	总权重	排序
A_1	W_1	0.2644	B_1	W_{11}	0.1919	0.0507	12
			B_2	W_{12}	0.1556	0.0411	13
			B_3	W_{13}	0.1492	0.0394	14
			B_4	W_{14}	0.2607	0.0689	8
			B_5	W_{15}	0.2425	0.0641	9
A_2	W_2	0.3339	B_6	W_{21}	0.2810	0.0938	3
			B_7	W_{22}	0.2810	0.0938	3
			B_8	W_{23}	0.2264	0.0756	6
			B_9	W_{24}	0.2116	0.0707	7

一级指标序号	一级指标权重序号	一级指标权重	二级指标序号	二级指标权重序号	二级指标权重	总权重	排序
A_3	W_3	0.4017	B_{10}	W_{31}	0.2353	0.0945	2
			B_{11}	W_{32}	0.1515	0.0609	10
			B_{12}	W_{33}	0.1515	0.0609	10
			B_{13}	W_{34}	0.2444	0.0982	1
			B_{14}	W_{35}	0.2173	0.0873	5

根据表 5-3 的数据计算结果，得出以下结论：

一级指标分析：在分业监管模式下，在衡量其监管效率的金融安全、金融风险预防、金融效率三个一级指标中，金融效率目标完成度最高，占比 40.17%；金融风险预防目标完成度居中，占比 33.39%；金融安全目标完成度最低，占比 26.44%。这主要源于近年来我国金融业发展迅猛，金融创新产品层出不穷，对金融效率问题越来越重视，绿色金融、金融科技、普惠金融等新型金融理念从金融创新角度刺激金融业的繁荣发展，同时对金融风险的防范与控制也越来越全面。

二级指标分析：一级指标金融安全项下的存款人和投资者信心、货币政策实施、市场准入和退出、突发事件的处理、金融犯罪的减少五项二级指标完成度权重分别为 0.1919、0.1556、0.1492、0.2607、0.2425，表明突发事件的处理是在金融安全监管目标中完成程度最高的目标，其次是金融犯罪的减少，二者所占比重超过 50%，基本上决定了金融安全监管目标实现与否。一级指标金融风险预防项下的内控机制、风险管理、信息披露、风险传递控制程度四项二级指标，其所占权重分别为 0.2810、0.2810、0.2264、

0.2116，表明风险管理和内控机制是金融风险预防监管目标完成程度最高的目标，这两项所占权重加起来将近56.2%。还有信息披露也占有较大比重，占比22.64%，显示了信息在金融市场上的重要性，也体现了完善信息披露制度的迫切性。风险传递控制程度在这一阶段因为金融风险较高发也显得较突出，占比21.16%。就分业监管时期的金融风险预防目标总体来看，各因素较上一时期——统一监管时期的指标更加平均。一级指标金融效率项下的监管成本、监管真空、重复监管、金融创新、市场竞争五项二级指标，所占权重分别为0.2353、0.1515、0.1515、0.2444、0.2173，表明金融创新是达到金融效率监管目标中完成程度最高的指标，其次是监管成本和市场竞争，三者权重和近70%，基本决定了金融效率监管目标的实现与否。伴随近年来金融创新的飞速发展，金融创新成为金融监管目标中实现程度较高的指标。市场竞争所占权重也较高，金融业是一个天然垄断的行业，近年来随着金融业进一步开放，很多外国金融机构也进入了原来相对比较封闭的中国金融市场，同时伴随金融创新的飞速发展，各金融机构在业务上出现了越来越多的交叉领域，因此市场竞争也越来越激烈。所以就金融效率而言，金融创新、成本控制和市场竞争是完成度较高的二级指标。

　　总体而言，根据表5-3中综合考量一级指标、二级指标所占权重而列出的总排序，在分业监管时期，监管效率的高低，在本书中也就是监管目标的实现程度，以金融效率目标实现程度最高，其次为金融风险预防，最后为金融安全。因为总排序的前七名都被这两个一级指标所对应的二级指标排序占据，体现了在金融监管效率中金融效率和金融风险预防是完成度较高的指标。这主要是因为近年来我国金融业发展迅猛，对金融创新重视程度越来越高，同时对金融风险的防范与控制也越来越全面，各种新型金融理念从金融创新角度刺激金融业的繁荣发展。但金融效率项下的监管真空和重复监管完成权重在总排序中比较靠后，排名并列第10，主要原因在于分业监管发展到后期，由于金融创新层出不穷，出现了很多交叉业务，难以明确界定金融业务的种类，因此出现了监管真空和重复监管的现象，因此这两个金融监管目标完成程度较低。市场竞争在分业监管阶段总体排名第五，比统一监管阶段有很大提高，主要因为随着中国进一步改革开放与金融市场放开，很多外国金融机构也进入了原来相对比较封闭的中国金融市场，同时伴随金融创新的飞速发展，各金融机构在业务上出现了越来越多的交叉领域，因此金融市场竞争也越来越激烈。

5.3

双峰监管模式金融监管效率实证分析

我国采用双峰监管模式是在 2017 年至今，这段时间由中国人民银行统一对各金融机构、金融业务和金融市场实施监管。运用模糊层次综合评价分析法对该阶段的金融监管效率做实证分析。

5.3.1 建立判断矩阵

首先，通过问卷调查获得三个金融监管目标的重要性等级及赋分，建立一级指标判断矩阵如下：

$$A = \begin{bmatrix} 1 & 5/7 & 5/9 \\ 7/5 & 1 & 8/9 \\ 9/5 & 9/8 & 1 \end{bmatrix}, \ A_{ij} = A_i / A_j$$

其次，计算二级风险指标权重。使用专家咨询和调查问卷法，得出了对我国当前金融监管模式的监管效率进行评估的判断矩阵，如下所示。

金融安全判断矩阵：

$$\begin{bmatrix} 1 & 5/6 & 5/8 & 5/4 & 5/4 \\ 6/5 & 1 & 6/8 & 6/5 & 1 \\ 8/5 & 8/6 & 1 & 8/4 & 8/6 \\ 4/5 & 5/6 & 4/8 & 1 & 4/6 \\ 4/5 & 1 & 6/8 & 6/4 & 1 \end{bmatrix}$$

金融风险预防判断矩阵：

$$\begin{bmatrix} 1 & 1 & 9/8 & 9/6 \\ 1 & 1 & 9/7 & 9/6 \\ 8/9 & 7/9 & 1 & 8/6 \\ 6/9 & 6/9 & 6/8 & 1 \end{bmatrix}$$

金融效率判断矩阵：

$$\begin{bmatrix} 1 & 7/6 & 7/6 & 6/9 & 1 \\ 6/7 & 1 & 1 & 6/9 & 6/8 \\ 6/7 & 1 & 1 & 6/9 & 6/8 \\ 9/6 & 9/6 & 9/6 & 1 & 9/8 \\ 1 & 8/6 & 8/6 & 8/9 & 1 \end{bmatrix}$$

5.3.2 一致性检验与权重

5.3.2.1 一级指标一致性检验并计算权重

使用和积法计算判断矩阵的特征根和特征向量，首先将判断矩阵每一列正规化可得：

$$\bar{b}_{ij} = \frac{\bar{b}_{ij}}{\sum_{k=1}^{n} \bar{b}_{kj}}, \ (i, j = 1, 2, \cdots, n)$$

得到按列正规化后的判断矩阵：

$$\begin{bmatrix} 1 & 5/7 & 5/9 \\ 7/5 & 1 & 8/9 \\ 9/5 & 9/8 & 1 \end{bmatrix} \Rightarrow \begin{bmatrix} 0.2381 & 0.2516 & 0.2273 \\ 0.3333 & 0.3522 & 0.3636 \\ 0.4286 & 0.3962 & 0.4091 \end{bmatrix}$$

按列正规化后的矩阵按行相加，得到：

$$\bar{W}_i = \sum_{j=1}^{n} \bar{b}_{ij}, \ j = 1, 2, \cdots, n$$

将取值代入上式，得到：

$$\bar{W}_1 = \sum_{j=1}^{n} \bar{b}_{1j} = 0.717, \ \bar{W}_2 = \sum_{j=1}^{n} \bar{b}_{2j} = 1.0491, \ \bar{W}_3 = \sum_{j=1}^{n} \bar{b}_{3j} = 1.2339$$

形成向量 $\bar{W}_i = (\bar{W}_1, \bar{W}_2, \bar{W}_3)^T$，将其正规化，得到：

$$W_i = \bar{W}_i / \sum_{j=1}^{n} \bar{W}_j, \ i = 1, 2, \cdots, n, \ \sum_{j=1}^{n} \bar{W}_j = \sum_{j=1}^{n} \bar{b}_{ij} = 3, \ W_1 =$$

0.239，$W_2 = 0.3497$，$W_3 = 0.4113$

因此特征向量 $W = (0.239, 0.3497, 0.4113)^T$，据此计算判断矩阵的最大特征根 λ_{max}。

$$\lambda_{max} = \sum_{i=1}^{n} \frac{(BW)_i}{nW_i} = \frac{\sum_{i=1}^{n} \frac{(BW)_i}{W_i}}{n}$$

将数据代入上式，得到：

$$BW = \begin{bmatrix} 1 & 5/7 & 5/9 \\ 7/5 & 1 & 8/9 \\ 9/5 & 9/8 & 1 \end{bmatrix} \begin{bmatrix} 0.239 \\ 0.3497 \\ 0.4113 \end{bmatrix} = \begin{bmatrix} (BW)_1 \\ (BW)_2 \\ (BW)_3 \end{bmatrix}$$

$(BW)_1 = 0.7173$，$(BW)_2 = 1.0499$，$(BW)_3 = 1.2349$

代入最大特征根公式，得到：

$$\lambda_{max} = \sum_{i=1}^{n} \frac{(BW)_i}{nW_i} = \frac{\sum_{i=1}^{n} \frac{(BW)_i}{W_i}}{n} = \left[\frac{(BW)_1}{W_1} + \frac{(BW)_2}{W_2} + \frac{(BW)_3}{W_3} \right] / n$$

$$= \left(\frac{0.7173}{0.717} + \frac{1.0499}{1.0491} + \frac{1.2349}{1.2339} \right) / 3 = 3.0020$$

最后进行一致性检验，也就是检验该矩阵是否具有合格满意的一致性。通常我们会采用 CI 作为一致性指标，$CI = (\lambda_{max} - n)/(n - 1) = (3.0020 - 3)/(3 - 1) = 0.0010$。经查表 5 - 1 可知，三阶矩阵的平均随机一致性指标 $RI = 0.58$，则该矩阵的随机一致性比例 $CR = CI/RI = 0.0010/0.58 = 0.0017 < 0.1$，因此该矩阵具有满意的一致性，排序为 $W = (0.239，0.3497，0.4113)^T$。

5.3.2.2　二级指标一致性检验并计算权重

（1）建立金融安全判断矩阵：

$$\begin{bmatrix} 1 & 5/6 & 5/8 & 5/4 & 5/4 \\ 6/5 & 1 & 6/8 & 6/5 & 1 \\ 8/5 & 8/6 & 1 & 8/4 & 8/6 \\ 4/5 & 5/6 & 4/8 & 1 & 4/6 \\ 4/5 & 1 & 6/8 & 6/4 & 1 \end{bmatrix}$$

按列正规化后，得到：

$$\begin{bmatrix} 0.1852 & 0.1667 & 0.1724 & 0.1799 & 0.2381 \\ 0.2222 & 0.2 & 0.2069 & 0.1727 & 0.1905 \\ 0.2963 & 0.2667 & 0.2759 & 0.2878 & 0.2540 \\ 0.1481 & 0.1667 & 0.1379 & 0.1439 & 0.1270 \\ 0.1481 & 0.2 & 0.2069 & 0.2158 & 0.1905 \end{bmatrix}$$

按列正规化后的矩阵按行相加，得到：

$$\overline{W}_i = \sum_{j=1}^{n} \overline{b}_{ij}, \; j=1, \; 2, \; \cdots, \; n$$

将取值代入上式，得到：

$$\overline{W}_1 = 0.9423, \; \overline{W}_2 = 0.9923, \; \overline{W}_3 = 1.3807, \; \overline{W}_4 = 0.7236, \; \overline{W}_5 = 0.9613$$

形成向量 $\overline{W}_i = (\overline{W}_1, \; \overline{W}_2, \; \overline{W}_3, \; \overline{W}_4, \; \overline{W}_5)^{\mathrm{T}}$，将其正规化，得到：

$$W_i = \overline{W}_i / \sum_{j=1}^{n} \overline{W}_j, \; i=1, \; 2, \; \cdots, \; n$$

$$\sum_{j=1}^{n} \overline{W}_j = \sum_{j=1}^{n} \overline{b}_{ij} = 5.0002$$

$$W_1 = \overline{W}_1 / \sum_{j=1}^{n} \overline{W}_j = 0.9423/5.0002 = 0.1885$$

$$W_2 = \overline{W}_2 / \sum_{j=1}^{n} \overline{W}_j = 0.9923/5.0002 = 0.1985$$

$$W_3 = \overline{W}_3 / \sum_{j=1}^{n} \overline{W}_j = 1.3807/5.0002 = 0.2761$$

$$W_4 = \overline{W}_4 / \sum_{j=1}^{n} \overline{W}_j = 0.7236/5.0002 = 0.1447$$

$$W_5 = \overline{W}_5 / \sum_{j=1}^{n} \overline{W}_j = 0.9613/5.0002 = 0.1923$$

因此，特征向量 $W = (0.1885, \; 0.1985, \; 0.2761, \; 0.1447, \; 0.1923)^{\mathrm{T}}$，据此计算判断矩阵的最大特征根 $\lambda_{\max}$。

$$\lambda_{\max} = \sum_{i=1}^{n} \frac{(BW)_i}{nW_i} = \frac{\sum_{i=1}^{n} \frac{(BW)_i}{W_i}}{n}$$

将数据代入上式，得到：

$$BW = \begin{bmatrix} 1 & 5/6 & 5/8 & 5/4 & 5/4 \\ 6/5 & 1 & 6/8 & 6/5 & 1 \\ 8/5 & 8/6 & 1 & 8/4 & 8/6 \\ 4/5 & 5/6 & 4/8 & 1 & 4/6 \\ 4/5 & 1 & 6/8 & 6/4 & 1 \end{bmatrix} \begin{bmatrix} 0.1885 \\ 0.1985 \\ 0.2761 \\ 0.1447 \\ 0.1923 \end{bmatrix} = \begin{bmatrix} (BW)_1 \\ (BW)_2 \\ (BW)_3 \\ (BW)_4 \\ (BW)_5 \end{bmatrix}$$

$(BW)_1 = 0.9477$，$(BW)_2 = 0.9977$，$(BW)_3 = 1.3882$，$(BW)_4 = 0.7272$，$(BW)_5 = 0.9657$，

代入最大特征根公式，得到：

$$\lambda_{max} = \sum_{i=1}^{n} \frac{(BW)_i}{nW_i} = \frac{\sum_{i=1}^{n} \frac{(BW)_i}{W_i}}{n}$$

$$= \left[\frac{(BW)_1}{W_1} + \frac{(BW)_2}{W_2} + \frac{(BW)_3}{W_3} + \frac{(BW)_4}{W_4} + \frac{(BW)_5}{W_5} \right] / n$$

$$= \left(\frac{0.9477}{0.9423} + \frac{0.9977}{0.9923} + \frac{1.3882}{1.3807} + \frac{0.7272}{0.7236} + \frac{0.9657}{0.9613} \right) / 5$$

$$= 5.0258$$

最后进行一致性检验，也就是检验该矩阵是否具有合格满意的一致性。通常我们会采用 CI 作为一致性指标，$CI = (\lambda_{max} - n)/(n - 1) = (5.0258 - 5)/(5 - 1) = 0.0065$。经查表 5 - 1 可知，五阶矩阵的平均随机一致性指标 $RI = 1.12$，则该矩阵的随机一致性比例 $CR = CI/RI = 0.0065/1.12 = 0.0058 < 0.1$，因此该矩阵具有满意的一致性，排序为 $W = (0.1885, 0.1985, 0.2761, 0.1447, 0.1923)^T$。

（2）建立金融风险预防判断矩阵：

$$\begin{bmatrix} 1 & 1 & 9/8 & 9/6 \\ 1 & 1 & 9/7 & 9/6 \\ 8/9 & 7/9 & 1 & 8/6 \\ 6/9 & 6/9 & 6/8 & 1 \end{bmatrix}$$

按列正规化后，得到：

$$\begin{bmatrix} 0.2813 & 0.2903 & 0.2704 & 0.2813 \\ 0.2813 & 0.2903 & 0.3090 & 0.2813 \\ 0.25 & 0.2258 & 0.2403 & 0.25 \\ 0.1875 & 0.1935 & 0.1803 & 0.1875 \end{bmatrix}$$

按列正规化后的矩阵按行相加，得到：

$$\bar{W}_i = \sum_{j=1}^{n} \bar{b}_{ij},\ j = 1,\ 2,\ \cdots,\ n$$

将取值代入上式，得到：

$\bar{W}_1 = 1.1233,\ \bar{W}_2 = 1.1619,\ \bar{W}_3 = 0.9661,\ \bar{W}_4 = 0.7488$

形成向量 $\bar{W}_i = (\bar{W}_1,\ \bar{W}_2,\ \bar{W}_3,\ \bar{W}_4)^{\mathrm{T}}$，将其正规化，得到：

$$W_i = \bar{W}_i / \sum_{j=1}^{n} \bar{W}_j,\ i = 1,\ 2,\ \cdots,\ n$$

$$\sum_{j=1}^{n} \bar{W}_j = \sum_{j=1}^{n} \bar{b}_{ij} = 1.1233 + 1.1619 + 0.9661 + 0.7488 = 4.0001$$

$$W_1 = \bar{W}_1 / \sum_{j=1}^{n} \bar{W}_j = 1.1233/4.0001 = 0.2808$$

$$W_2 = \bar{W}_2 / \sum_{j=1}^{n} \bar{W}_j = 1.1619/4.0001 = 0.2905$$

$$W_3 = \bar{W}_3 / \sum_{j=1}^{n} \bar{W}_j = 0.9661/4.0001 = 0.2415$$

$$W_4 = \bar{W}_4 / \sum_{j=1}^{n} \bar{W}_j = 0.7488/4.0001 = 0.1872$$

因此，特征向量 $W = (0.2808,\ 0.2905,\ 0.2415,\ 0.1872)^{\mathrm{T}}$，据此计算判断矩阵的最大特征根 $\lambda_{\max}$。

$$\lambda_{\max} = \sum_{i=1}^{n} \frac{(BW)_i}{nW_i} = \frac{\sum_{i=1}^{n} \dfrac{(BW)_i}{W_i}}{n}$$

将数据代入上式，得到：

$$BW = \begin{bmatrix} 1 & 1 & 9/8 & 9/6 \\ 1 & 1 & 9/7 & 9/6 \\ 8/9 & 7/9 & 1 & 8/6 \\ 6/9 & 6/9 & 6/8 & 1 \end{bmatrix} \begin{bmatrix} 0.2808 \\ 0.2905 \\ 0.2415 \\ 0.1872 \end{bmatrix} = \begin{bmatrix} (BW)_1 \\ (BW)_2 \\ (BW)_3 \\ (BW)_4 \end{bmatrix}$$

$(BW)_1 = 1.1238,\ (BW)_2 = 1.1626,\ (BW)_3 = 0.9666,\ (BW)_4 = 0.7492$

代入最大特征根公式，得到：

$$\lambda_{max} = \sum_{i=1}^{n} \frac{(BW)_i}{nW_i} = \frac{\sum_{i=1}^{n} \frac{(BW)_i}{W_i}}{n}$$

$$= \left[\frac{(BW)_1}{W_1} + \frac{(BW)_2}{W_2} + \frac{(BW)_3}{W_3} + \frac{(BW)_4}{W_4} \right]/n$$

$$= \left(\frac{1.1238}{0.2808} + \frac{1.1626}{0.2905} + \frac{0.9666}{0.2415} + \frac{0.7492}{0.1872} \right)/4$$

$$= 4.0022$$

最后进行一致性检验，也就是检验该矩阵是否具有合格满意的一致性。通常我们会采用 CI 作为一致性指标，$CI = (\lambda_{max} - n)/(n - 1) = (4.0022 - 4)/(4 - 1) = 0.00074$。经查表 5 - 1 可知，四阶矩阵的平均随机一致性指标 $RI = 0.9$，则该矩阵的随机一致性比例 $CR = CI/RI = 0.00074/0.9 = 0.00082 < 0.1$，因此该矩阵具有满意的一致性，排序为：$W = (0.2808, 0.2905, 0.2415, 0.1872)^T$。

（3）建立金融效率判断矩阵：

$$\begin{bmatrix} 1 & 7/6 & 7/6 & 6/9 & 1 \\ 6/7 & 1 & 1 & 6/9 & 6/8 \\ 6/7 & 1 & 1 & 6/9 & 6/8 \\ 9/6 & 9/6 & 9/6 & 1 & 9/8 \\ 1 & 8/6 & 8/6 & 8/9 & 1 \end{bmatrix}$$

按列正规化后，得到：

$$\begin{bmatrix} 0.1918 & 0.1944 & 0.1944 & 0.1714 & 0.2162 \\ 0.1644 & 0.1667 & 0.1667 & 0.1714 & 0.1622 \\ 0.1644 & 0.1667 & 0.1667 & 0.1714 & 0.1622 \\ 0.2877 & 0.25 & 0.25 & 0.2571 & 0.2432 \\ 0.1918 & 0.2222 & 0.2222 & 0.2286 & 0.2162 \end{bmatrix}$$

按列正规化后的矩阵按行相加，得到：

$$\bar{W}_i = \sum_{j=1}^{n} \bar{b}_{ij}, \ j = 1, \ 2, \ \cdots, \ n$$

将取值代入上式，得到：

$\bar{W}_1 = 0.9682$，$\bar{W}_2 = 0.8314$，$\bar{W}_3 = 0.8314$，$\bar{W}_4 = 1.288$，$\bar{W}_5 = 1.081$

形成向量 $\bar{W}_i = (\bar{W}_1, \ \bar{W}_2, \ \bar{W}_3, \ \bar{W}_4, \ \bar{W}_5)^T$，将其正规化得到：

$$W_i = \bar{W}_i / \sum_{j-1}^{n} \bar{W}_j, \ i = 1, \ 2, \ \cdots, \ n$$

$$\sum_{j=1}^{n} \bar{W}_j = \sum_{j=1}^{n} \bar{b}_{ij} = 5$$

$$W_1 = \bar{W}_1 / \sum_{j=1}^{n} \bar{W}_j = 0.9682/5 = 0.1936$$

$$W_2 = \bar{W}_2 / \sum_{j=1}^{n} \bar{W}_j = 0.8314/5 = 0.1663$$

$$W_3 = \bar{W}_3 / \sum_{j=1}^{n} \bar{W}_j = 0.8314/5 = 0.1663$$

$$W_4 = \bar{W}_4 / \sum_{j=1}^{n} \bar{W}_j = 1.288/5 = 0.2576$$

$$W_5 = \bar{W}_5 / \sum_{j=1}^{n} \bar{W}_j = 1.081/5 = 0.2162$$

因此，特征向量 $W = (0.1936, \ 0.1663, \ 0.1663, \ 0.2576, \ 0.2162)^T$，据此计算判断矩阵的最大特征根 λ_{max}。

$$\lambda_{max} = \sum_{i=1}^{n} \frac{(BW)_i}{nW_i} = \frac{\sum_{i=1}^{n} \frac{(BW)_i}{W_i}}{n}$$

将数据代入上式，得到：

$$
\mathrm{BW} = \begin{bmatrix} 1 & 7/6 & 7/6 & 6/9 & 1 \\ 6/7 & 1 & 1 & 6/9 & 6/8 \\ 6/7 & 1 & 1 & 6/9 & 6/8 \\ 9/6 & 9/6 & 9/6 & 1 & 9/8 \\ 1 & 8/6 & 8/6 & 8/9 & 1 \end{bmatrix} \begin{bmatrix} 0.1936 \\ 0.1663 \\ 0.1663 \\ 0.2576 \\ 0.2162 \end{bmatrix} = \begin{bmatrix} (BW)_1 \\ (BW)_2 \\ (BW)_3 \\ (BW)_4 \\ (BW)_5 \end{bmatrix}
$$

$(BW)_1 = 0.9696$，$(BW)_2 = 0.8324$，$(BW)_3 = 0.8324$，$(BW)_4 = 1.2901$，$(BW)_5 = 1.0822$

代入最大特征根公式，得到：

$$
\lambda_{\max} = \sum_{i=1}^{n} \frac{(BW)_i}{nW_i} = \frac{\sum_{i=1}^{n} \dfrac{(BW)_i}{W_i}}{n}
$$

$$
= \left[\frac{(BW)_1}{W_1} + \frac{(BW)_2}{W_2} + \frac{(BW)_3}{W_3} + \frac{(BW)_4}{W_4} + \frac{(BW)_5}{W_5} \right]/n
$$

$$
= \left(\frac{0.9696}{0.1936} + \frac{0.8324}{0.1663} + \frac{0.8324}{0.1663} + \frac{1.2901}{0.2576} + \frac{1.0822}{0.2162} \right)/5
$$

$$
= 5.0066
$$

最后进行一致性检验，也就是检验该矩阵是否具有合格满意的一致性。通常我们会采用 CI 作为一致性指标，$CI = (\lambda_{\max} - n)/(n-1) = (5.0066 - 5)/(5-1) = 0.0016$，经查表 5-1 可知，五阶矩阵的平均随机一致性指标 $RI = 1.12$，则该矩阵的随机一致性比例 $CR = CI/RI = 0.0016/1.12 = 0.0015 < 0.1$，因此该矩阵具有满意的一致性，排序为：$W = (0.1936, 0.1663, 0.1663, 0.2576, 0.2162)^{\mathrm{T}}$。

5.3.3　评估结果分析

综上所述，双峰监管模式下的金融监管目标实现程度一级、二级指标权重如表5-4所示。

表5-4   双峰监管模式评估指标权重

一级指标序号	一级指标权重序号	一级指标权重	二级指标序号	二级指标权重序号	二级指标权重	总权重	排序
A_1	W_1	0.239	B_1	W_{11}	0.1885	0.0451	13
			B_2	W_{12}	0.1985	0.0474	11
			B_3	W_{13}	0.2761	0.0660	9
			B_4	W_{14}	0.1447	0.0346	14
			B_5	W_{15}	0.1923	0.0460	12
A_2	W_2	0.3497	B_6	W_{21}	0.2808	0.0982	3
			B_7	W_{22}	0.2905	0.1016	2
			B_8	W_{23}	0.2415	0.0845	5
			B_9	W_{24}	0.1872	0.0655	10
A_3	W_3	0.4113	B_{10}	W_{31}	0.1936	0.0796	6
			B_{11}	W_{32}	0.1663	0.0684	7
			B_{12}	W_{33}	0.1663	0.0684	7
			B_{13}	W_{34}	0.2576	0.1060	1
			B_{14}	W_{35}	0.2162	0.0889	4

根据表5-4的数据计算结果，得出以下结论：

一级指标分析：在双峰监管模式下，在金融安全、金融风险预防、金融效率三个一级指标中，金融效率目标完成度最高，占比41.13%；金融风险预防目标完成度居中，占比34.97%；金融安全完成度最低，占比23.9%。这主要源于近年来我国金融业发展迅猛，金融创新产品层出不穷，以金融创新为主要监管目标的金融效率占比越来越高，同时对金融风险的防范与控制也越来越全面，绿色金融、金融科技、普惠金融等新型金融理念从金融创新角度刺激金融业的繁荣发展，金融效率提高明显，相对的金融安全考量的因素就较少，因此金融安全目标完成程度较低。

二级指标分析：一级指标金融安全项下的存款人和投资者信心、货币政策实施、市场准入和退出、突发事件的处理、金融犯罪的减少五项二级指标，所占权重分别为 0.1885、0.1985、0.2761、0.1447、0.1923，市场的准入和退出在当前监管阶段完成程度最高，占比 27.61%。主要缘于近年来政府部门对退市制度的重视和逐步完善。胡滨在《金融监管蓝皮书：中国金融监管报告（2021）》中提及在 2021 年的金融监管中需要完善金融机构退市制度，细化财务指标等退市标准，简化退市程序，丰富破产重组、并购重组及主动退市等退市方式，严格退市制度，加强司法保障，提升退市效率，打造"规范、透明、开放、有活力、有韧性"的金融市场。其次是货币政策实施和金融犯罪的减少，三者所占比重和为 66.69%，基本上反映了金融安全目标实现情况。一级指标金融风险预防项下的内控机制、风险管理、信息披露、风险传递控制程度四项二级指标，所占权重分别为 0.2808、0.2905、0.2415、0.1872，表明风险管理目标完成最好，其次是内控机制，这两项所占权重加起来超过57%，已经基本反映金融风险预防目标的实现情况，还有信息披露也占有较大比重，将近 24.15%，主要原因是近年来对信息制度的完善，显示了信息在金融市场上的重要性，也体现了完善信息披露制度的迫切性。监管目标完成不好的是金融风险传递控制目标，因为金融风险传递控制机制仍然难以完全建立，需要更多的人力、物力、财力的支持和实践经验的积累。一级指标金融效率项下的监管成本、监管真空、重复监管、金融创新、市场竞争五项二级指标，所占权重分别为 0.1936、0.1663、0.1663、0.2576、0.2162，表明金融创新监管目标完成最好，占比 25.76%，监管成本、金融创新、市场竞争三者权重和为 66.74%，基本反映了金融效率监管目标的实现情况。在当前金融监管模式下，监管成本目标仍是金融监管目标中完成较好的一项，而金融创新目标因为金融创新的进一步发展有了更大的提高，市场竞争所占权重也较高，伴随金融业进一步开放，更多外国金融机构进入原来相对比较封闭的中国金融市场，挤占国内金融机构的生存空间。同时伴随金融创新的飞速发展，各金融机构在业务上出现了越来越多的交叉领域，市场竞争也越来越激烈，因此市场竞争监管目标也完成较好，占比较高。

总体而言，根据表 5-4 中综合考量一级指标、二级指标所占权重而列出的总排序，在当前金融监管模式下监管效率的高低——监管目标的实现程度，主要受到监管效率和金融风险预防两个指标的影响。因为总排序的前八名都被这两个一级指标所对应的二级指标占据，体现了在金融监管效率中金融效率和金融风险预防目标完成较好。其中有一个例外的目标就是金融风险传递控制程度，占比较低，总体排名只有第 10 位。主要原因是风险控制体系的建立有一定难度，作为监管目标较难完满实现。而这一时期的金融创新监管目标权重仍然非常高，居榜首，说明在当前的金融监管模式下金融创新仍然高速发展并取得了很高的成就。随着混业经营的金融业大趋势的来临，重复监管和监管真空的问题仍难以解决，作为金融监管目标，实现程度不好，占比较低，排名靠后。

第 6 章

我国金融监管模式效率综评

本章结合对三种金融监管模式的监管效率的主观评价，综合评述各监管指标在我国实施金融监管的整个阶段对监管效率的贡献度。

首先，依据问卷调查中所体现的三种金融监管模式金融监管效率的等级，按照重要性等级赋分，非常重要赋分 9、比较重要赋分 7、重要赋分 5、比较不重要赋分 3、非常不重要赋分 1，且对不同元素不可重复相同赋分的原则制表，如表 6-1 所示。

表 6-1 重要性等级赋值

对比等级	两者相比	赋值 C_{ij}
同等重要	C_i 和 C_j 同等重要	1
一般重要	C_i 和 C_j 一般重要	3
比较重要	C_i 和 C_j 比较重要	5
非常重要	C_i 和 C_j 非常重要	7
极度重要	C_i 和 C_j 极度重要	9
两个等级的中间	C_i 和 C_j 相比较重要性在以上相邻两者之间	2，4，6，8
相反的情况	C_i 和 C_j 相比较重要性与上述情况相反	1，1/2，1/3，…，1/9

其次，设计三种金融监管模式监管效率主观评价表，如表 6-2

所示。

表 6 - 2 　　　　　　　　　　监管模式效率主观评价

C_i/C_j		同等重要		一般重要		比较重要		非常重要		极度重要
C_i	C_j	1	2	3	4	5	6	7	8	9
统一监管模式效率 C_1	分业监管模式效率 C_2									
	双峰监管模式效率 C_3									
分业监管模式效率 C_2	统一监管模式效率 C_1									
	双峰监管模式效率 C_3									
双峰监管模式效率 C_3	统一监管模式效率 C_1									
	分业监管模式效率 C_2									

注：在对应的格内打"√"。

最后，根据专家意见和问卷调查的数据结果作实证分析。

6.1

三种金融监管模式监管效率分析

假设 C 为金融监管模式效率的集合，$C=\{$ 统一监管效率，分业监管效率，双峰监管效率 $\}$，C_1 表示统一监管效率，C_2 表示分业监管效率，C_3 表示双峰监管效率，使用专家咨询与调查问卷法，得出 C_1、C_2、C_3 之间的关系为：

$$\begin{bmatrix} 1 & 5/7 & 6/9 \\ 7/5 & 1 & 7/9 \\ 9/6 & 9/7 & 1 \end{bmatrix}$$

按列正规化后可得：

$$\begin{bmatrix} 0.2564 & 0.2381 & 0.2727 \\ 0.3590 & 0.3333 & 0.3182 \\ 0.3846 & 0.4286 & 0.4091 \end{bmatrix}$$

按列正规化后的矩阵按行相加得到：$\bar{W}_i = \sum\limits_{j=1}^{n} \bar{b}_{ij}$，$j = 1$，$2$，$\cdots$，$n$，将取值代入上式得到 $(0.7672, 1.0105, 1.2223)^{\mathrm{T}}$。

形成向量 $\bar{W}_i = (\bar{W}_1, \bar{W}_2, \bar{W}_3, \bar{W}_4)^{\mathrm{T}}$，将其正规化得到：$W_i = \bar{W}_i / \sum\limits_{j=1}^{n} \bar{W}_j$，$i = 1$，$2$，$\cdots$，$n$，$\sum\limits_{j=1}^{n} \bar{W}_j = \sum\limits_{j=1}^{n} \bar{b}_{ij} = 0.7672 + 1.0105 + 1.2223 = 3$，因此特征向量 $W = (0.2557, 0.3368, 0.4074)^{\mathrm{T}}$。据此计算判断矩阵的最大特征根 $\lambda_{\max}$：

$$\lambda_{\max} = \sum\limits_{i=1}^{n} \frac{(BW)_i}{nW_i} = \frac{\sum\limits_{i=1}^{n} \dfrac{(BW)_i}{W_i}}{n}$$

将数据代入上式，得到：

$$BW = \begin{bmatrix} 1 & 5/7 & 6/9 \\ 7/5 & 1 & 7/9 \\ 9/6 & 9/7 & 1 \end{bmatrix} \begin{bmatrix} 0.2557 \\ 0.3368 \\ 0.4074 \end{bmatrix} = \begin{bmatrix} 0.7679 \\ 1.0116 \\ 1.2240 \end{bmatrix}$$

$$\lambda_{\max} = \sum\limits_{i=1}^{n} \frac{(BW)_i}{nW_i} = \frac{\sum\limits_{i=1}^{n} \dfrac{(BW)_i}{W_i}}{n} = 3.0037$$

最后进行一致性检验，也就是检验该矩阵是否具有合格满意的一致性。通常我们会采用 CI 作为一致性指标，$CI = (\lambda_{\max} - n) / (n - 1) = (3.0037 - 3) / (3 - 1) = 0.00185$。

经查表 5 - 1 可知，四阶矩阵的平均随机一致性指标 $RI = 0.9$，则该矩阵的随机一致性比例 $CR = CI / RI = 0.00185 / 0.58 = 0.00319 < 0.1$，因此该矩阵具有满意的一致性。$C_1$、$C_2$、$C_3$ 的排序为：$W = (0.2557, 0.3368, 0.4074)^{\mathrm{T}}$。

结合之前的论证内容，可以得出在这三个历史时期三大金融监管目标的完成程度的数据（见表6-3），并进行比较（见图6-1）。

表6-3 　　　　　　　　不同监管模式一级指标比较

监管模式	金融安全	金融风险预防	金融效率
统一监管	0.5132	0.3735	0.1134
分业监管	0.2644	0.3339	0.4017
双峰监管	0.239	0.3497	0.4113

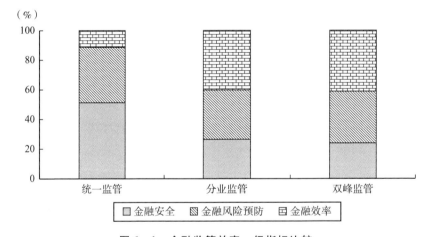

图6-1　金融监管效率一级指标比较

从图6-1可见，在三个采用不同的金融监管模式的历史时期，三大监管目标以金融效率目标变化最为显著，在金融监管目标的实现中占比越来越高。这主要缘于互联网金融、绿色金融、普惠金融引起的金融创新的飞速发展大大提升了监管效率。相对的金融安全目标的实现程度越来越低，这主要是因为近年来伴随金融创新与金融国际化、金融一体化的迅速发展，金融风险事件频发，出现越来越多的安全隐患难以预防和监管，因此金融安全目标的实现越来越困难。而历经三种监管模式的金融风险预防目标相对稳定，相较于其他两大金融监管目标，其一直是占30%以上的比例。这是因为金融风险预防问题一直是金融监管中非常重视的问题，无论在统一监管、分业监管还是在双峰监管模式中一直占有1/3左右权重的重要地位。

6.2

总监管效率分析

综合本章之前的分析数据与论述内容，可以总结出我国不同历史时期采用的三种金融监管模式各监管指标对金融监管效率的贡献度，具体如表6-4所示。

表6-4 不同监管模式下各监管指标对金融监管效率贡献度评价

金融监管模式	监管效率权重	一级指标序号	一级指标权重序号	一级指标权重	二级指标序号	二级指标权重序号	二级指标权重	权重	排序	总权重	总排序
统一监管	0.2557	A_1	W_1	0.5132	B_1	W_{11}	0.3318	0.1703	1	0.0435	1
					B_2	W_{12}	0.2771	0.1422	3	0.0364	6
					B_3	W_{13}	0.2087	0.1071	5	0.0274	18
					B_4	W_{14}	0.1329	0.0682	7	0.0174	31
					B_5	W_{15}	0.0494	0.0254	12	0.0065	40

续表

金融监管模式	监管效率权重	一级指标序号	一级指标权重序号	一级指标权重	二级指标序号	二级指标权重序号	二级指标权重	权重	排序	总权重	总排序
统一监管	0.2557	A_2	W_2	0.3735	B_6	W_{21}	0.2951	0.1102	4	0.0282	15
					B_7	W_{22}	0.3970	0.1483	2	0.0379	5
					B_8	W_{23}	0.1981	0.0740	6	0.0189	28
					B_9	W_{24}	0.1100	0.0411	8	0.0105	36
		A_3	W_3	0.1134	B_{10}	W_{31}	0.3248	0.0368	9	0.0094	37
					B_{11}	W_{32}	0.0782	0.0089	14	0.0023	42
					B_{12}	W_{33}	0.1115	0.0126	13	0.0032	41
					B_{13}	W_{34}	0.2552	0.0289	10	0.0074	38
					B_{14}	W_{35}	0.2303	0.0261	11	0.0067	39
分业监管	0.3368	A_1	W_1	0.2644	B_1	W_{11}	0.1919	0.0507	12	0.0171	32
					B_2	W_{12}	0.1556	0.0411	13	0.0138	34
					B_3	W_{13}	0.1492	0.0394	14	0.0133	35
					B_4	W_{14}	0.2607	0.0689	8	0.0232	23
					B_5	W_{15}	0.2425	0.0641	9	0.0216	24
		A_2	W_2	0.3339	B_6	W_{21}	0.2810	0.0938	3	0.0316	12
					B_7	W_{22}	0.2810	0.0938	3	0.0316	12
					B_8	W_{23}	0.2264	0.0756	6	0.0255	21
					B_9	W_{24}	0.2116	0.0707	7	0.0238	22
		A_3	W_3	0.4017	B_{10}	W_{31}	0.2353	0.0945	2	0.0318	11
					B_{11}	W_{32}	0.1515	0.0609	10	0.0205	25
					B_{12}	W_{33}	0.1515	0.0609	10	0.0205	25
					B_{13}	W_{34}	0.2444	0.0982	1	0.0331	9
					B_{14}	W_{35}	0.2173	0.0873	5	0.0294	14

金融监管模式	监管效率权重	一级指标序号	一级指标权重序号	一级指标权重	二级指标序号	二级指标权重序号	二级指标权重	权重	排序	总权重	总排序
双峰监管	0.4074	A_1	W_1	0.239	B_1	W_{11}	0.1885	0.0451	13	0.0184	30
					B_2	W_{12}	0.1985	0.0474	11	0.0193	27
					B_3	W_{13}	0.2761	0.0660	9	0.0269	19
					B_4	W_{14}	0.1447	0.0346	14	0.0141	33
					B_5	W_{15}	0.1923	0.0460	12	0.0187	29
		A_2	W_2	0.3497	B_6	W_{21}	0.2808	0.0982	3	0.0400	4
					B_7	W_{22}	0.2905	0.1016	2	0.0414	3
					B_8	W_{23}	0.2415	0.0845	5	0.0344	8
					B_9	W_{24}	0.1872	0.0655	10	0.0267	20
		A_3	W_3	0.4113	B_{10}	W_{31}	0.1936	0.0796	6	0.0324	10
					B_{11}	W_{32}	0.1663	0.0684	7	0.0279	16
					B_{12}	W_{33}	0.1663	0.0684	7	0.0279	16
					B_{13}	W_{34}	0.2576	0.1060	1	0.0432	2
					B_{14}	W_{35}	0.2162	0.0889	4	0.0362	7

从表6-4中的总排序可以看出，纵观我国金融监管模式不断发展的历史进程，从金融监管目标的完成程度的角度来衡量金融监管效率，统一监管时期的存款人和投资者信心居首位，也是就说统一监管时期的存款人和投资者信心的监管目标完成度最高，第二是当前双峰监管时期的金融创新目标，说明当前监管阶段的金融创新目标完成度较高，第三和第四分别是当前监管阶段的风险管理和内控机制，说明在金融监管过程中现阶段的风险管理和内控机制目标完成较好，原因在于近几年金融创新，金融自由化、一体化程度的加深使金融风险的形式更加多样，范围更加广泛，监管部门对此非常重视，出台了一系列与金融风险预防相关的政策措施，因此二者目标完成程度较高。第五是统一监管模式下的风险管理，说明风险管

理一直是我国金融监管的重要目标。第六是统一监管时期的货币政策实施目标，统一监管时期金融机构的主要职能就是完成政府指令，保障货币政策的顺利实施，因此该阶段货币政策实施目标完成度较高。第七、第八是当前双峰监管时期的市场竞争和信息披露，这主要因为金融创新、科技金融、金融国际化、金融自由化以及国外金融机构进入我国金融市场等新发展、新情况，都对我国金融业的竞争产生了积极影响。而且近年来金融业由于信息不对称导致的道德风险和逆向选择问题倒逼信息披露制度改革也初见成效，因此该监管目标的完成度较好。第九是分业监管时期的金融创新，说明对金融创新的重视从分业监管时期就已开始，而且金融监管的实施为金融创新的发展提供了有力保障。第十和第十一分别是现行双峰监管模式和分业监管下的监管成本目标，表明在这两个金融监管模式下监管成本得到良好控制。这是一个相对量，其实就统一监管时期的监管成本而言，其监管效果是不错的，$W_{31} = 0.3248$，但由于其属于监管效率项下的二级指标，$W_3 = 0.1134$，又处于统一监管的历史时期，其监管效率权重等于 0.2557，所以三者之积就变很小，其实统一监管模式下的监管成本也控制得很好，但受到上一级监管指标权重和监管模式效率的影响而降低。指标总排序后三位都是统一监管时期的监管目标，分别是金融犯罪的减少、重复监管、监管真空，主要也是源于此时期整体监管效率不高，这些指标的完成效果不明显。综上所述，我国在不同金融监管模式下的金融监管效率是不同的，因此应该根据不同时期的实际情况采取改进措施来进一步提升监管效率。

第 7 章

进一步提升中国金融监管效率的
对策建议与未来展望

结合前面几章的分析论证可知，中国金融监管模式尚存在诸多不完善之处，很多金融监管目标实现程度不高，监管效率较低，参考借鉴第 4 章所述世界上典型国家和地区金融监管模式，笔者对提高中国的金融监管模式监管效率的改革提出如下建议。

7.1

进一步提升中国金融监管效率的对策建议

7.1.1 建立明确完善的监管目标体系

金融监管必须有明确而且较为完善的监管目标，这将有助于金融监管机构就出现的各种监管问题有的放矢地提出解决方案，同时避免矫枉过正，反而成为被监管金融机构的负担，影响开展正常的金融业务。而且明确完善的监管目标体系可以使监管机构对政策实施效果的评价转化为对监管目标实现程度的评价，借以衡量金融监管政策的效力。

中国金融监管的宏观目标是维护金融稳定，保护债权人利益。对于前者，维护金融稳定是金融监管的基本目标，因为金融机构所经营的产品不是一般的普通商品，而是以信用为基础的数额庞大的货币资金，当前金融创新活动花样繁多，其风险级别高，又难以监控，而且金融机构往往相互持股，金融风险又具有很强的传导性。因此维护金融系统的安全稳健运行，为经济活动提供有力的金融保障，是金融监管的基本目标。对于后者，主要是因为金融是一个天然垄断的行业，金融机构相较于其投资人而言具有天然的优势，信息不对称是金融业普遍存在的现象，这种情况下，金融机构对信息了解及时又充分，当出现金融风险的时候，就有优势在投资人不知情的情况下将风险转嫁给投资人。因此，金融监管的另一目标就是保护投资人的权益。这两个目标之间的关系也是互为因果、相辅相成的。进入20世纪90年代以来，伴随金融自由化、金融创新以及金融科技的迅猛发展，这两个宏观目标成为各国金融监管的主要目标。本模型中就金融监管问题设立了三个主要目标——金融安全、金融风险预防和金融效率，这三个目标都是具体目标，对具体监管目标的完成程度体现了金融监管的效率，也同时反映了金融监管的宏观目标——维护金融稳定和保护债权人利益——的实现程度。

7.1.2　监管机构要具备法定强制力、权威性与相对独立性

金融监管机构的本职是要对金融机构实施监管，其自身必须具备一定强制力，才能保证监管职责的顺利实施。这些强制力包括：获取金融机构的即时信息，对金融管理及金融业务行为正确性的判定，对违规行为的裁定及处罚，甚至必要时吊销违规金融机构营业执照，体现金融监管的严肃性。

金融监管工作的开展是建立在一定的法律法规基础上，有法可依，依法监管，建立严谨的金融法律法规体系是顺利开展金融监管工作的基础，是金融监管工作的内在要求，也是树立金融机构权威地位的有效方式。金融法律法规有其特殊性，既体现了金融监管工作的严肃性，也体现了金融工作的专业性。首先，严格金融行业的准入标准。金融机构的设立与经营业务有着严格的规范，目前金融机构林立，尤其是互联网金融的快速发展，金融创新产品繁多的品类，金融科技日渐广泛的应用，都对原来的金融监管方式提出了严峻的挑战，严重影响了金融市场的安全与稳定，因此要对金融机构的准入条件、形势作出新的界定与规范，取缔违法违规设立的金融机构，严格界定金融创新业务的内涵与外延，明确金融混业经营的边界，保护广大投资者基本权益。其次，建立合理的退出机制。由于金融风险形式的多变性，有一些金融机构已经难以适应快速变化的经济金融形势，加上历史已经形成的难题难以解决，造成破产退市的局面，所以应该及时建立正常的金融机构退出机制，避免由于金融机构不正常退市造成投资者的损失。比如包商银行现已破产重组形成新的蒙商银行，并对原有的资产结构进行了重组。再次，设立新的监管方式，灵活规范金融领域高新科技的应用。近年来，金融创新形式越来越多，运用金融科技的利弊也是一体两面的，既简便了金融业务的操作，同时也增加了监管的难度。怎样在金融科技简化业务操作的同时，也将其运用于金融监管是当前金融监管领域的一个热点问题，也预示着金融监管未来的发展趋势。最后，确立金融监管机构的权威地位。监管机构进行监管的出发点是切实有效地保护投资人权益，而非为了行使权力，只有确立金融监管机构的权威地位，才能形成良性发展的金融秩序，切实保护广大投资者的基本权益，因此保障其权威性也是维护投资人权益的需要。而且在金融监管工作过程中，金融监管机构需要向备案机构索要相应的材料、报表等文件，情况严重的甚至需要勒令破产退市，这些都要求监管机构具备一定的权威性，这样才能保障监管工作的顺利进行，这也是金融监管工作本身的内在要求。

同时，金融监管机构应具备一定的独立性，其决策应主要考虑能否更好地完成金融监管目标，不应过多地受其他力量的影响或干预，保证监管机构管理层的相对稳定及执行监管政策的前后一致性。此外，监管机构应具有一定的自主资源，保证可以顺利完成监管任务。在本书第2章中提到，金融监管会有一定的监管成本，包括直接成本、间接成本和合规成本。金融监管的直接成本是指，金融监管部门在制定和执行金融监管政策时所承担的成本，包括监管业务人员的招聘、培训，金融信息数据的收集与处理等监管行为所涉及的费用等。金融监管的间接成本是指，由于监管强度的过大或过小，造成对银行等被监管金融机构的金融业务限制过严、不当竞争、内部风险积累甚至爆发而引起的社会总体福利水平下降形成的成本。合规成本是指，被监管金融机构为了遵守金融监管法律法规所承担的成本，比如金融机构必须雇佣符合其规模要求的职员数，采用监管机构规定的组织形式并按照监管机构的要求定期或不定期地提交检查材料所引起的费用等。因此，监管机构拥有一定数量的自主资源，保持一定的独立性，拥有一定程度的"财务自由"，是金融机构进行有效、高效监管的必要保障。

7.1.3 加强信息资源共享系统和现代化支付系统的基础设施建设

在金融监管过程中，信息不对称问题一向是一个需要重点解决的问题，在本模型中，信息披露在所有影响金融监管效率的因素权重总排序中位列第六，说明在当前的金融体系中仍存在严重的信息不对称问题，对金融系统的安全性造成隐患，信息资源仍然没有实现完全共享，金融机构之间仍存在观念上和实际上的壁垒，因此以金融大数据为背景，建立科学的信息资源共享系统是当前解决信息披露问题的主要方法。通过该系统的建立，既加强了金融监管机构之间的信息互通，也加强了金融监管机构对被监管机构的信息了解，同时大大节省了信息采集所耗费的人力、物力、财力，降低了金融监管的直接成本和间接成本，减少了金融监管的误差，从而提升监管效率。建立现代化的信息共享系统和支付系统可以分为以下几步：第一，根据现实需要，适时修订金融统计制度，完善金融统计信息，增加能够更为准确地反映金融市场信息的创新业务、中间业务及国内外分支机构的各项金融业务统计信息；第二，建立全国范围的金融监管统计信息，实现金融机构高级管理人员信息、金融机构风险评估与预警信息的全国共享；第三，建立企业、个人的信用信息系统，完善金融机构的信贷信息登记咨询系统，做到实时查询在金融机构开设账户的企业的资信情况，同时通过消费信贷的信息记录建立个人信用系统。

7.1.4　引入公众监督制度，建立独立审计与内部审计相结合的金融监督体系

完善的财务制度和风险监控体系是金融行业实现稳健经营的前提和基础，金融企业会计相较于普通企业会计具有特殊性，毕竟金融企业的业务、产品和普通企业都不同。当前国际上已形成了比较成熟的金融企业会计体系，我国的金融企业会计需要在国际成熟经

验的基础上，建立起适应我国国情的会计制度，在金融国际化的浪潮下，在国际金融市场上增强与他国金融机构的可比性，增加货币资金的可得性。同时，现代金融企业监管的依据是被监管金融企业提供的财务报告，依据现代会计制度编制的财务报告较为全面地反映了金融企业的经营状况，而且为了提高会计信息的真实性和可靠性，保证财务报告的形式和内容的统一，还需要金融审计部门或注册会计师出具相关证明来证明该财务报告的数据是翔实可靠的。在发挥金融审计监督职能的过程中，尽量采用独立审计和内部审计相结合的监管体系。因为独立审计保证了信息的客观公正性，客观公正地对金融企业的财务报表和会计制度实施监管更加有说服力，在实际操作中可以更多地采用注册会计师审计制度，与具有专业性、独立性、权威性的第三方审计部门合作，通过建立符合监管规范的制度体系来敦促监管机构积极主动地获取更多的市场信息。同时，进一步加强金融机构内部审计、内部监控体系的建立和完善，建立以民间审计为核心的独立审计与内部审计相结合的监督体系，即以注册会计师、审计师为主要业务人员的会计师事务所和审计事务所作为独立第三方和主要业务部门，对被监管金融机构的经营状况进行外部审计查证，并同时结合被监管金融机构内部自身检查，加强对财务会计基础信息的真实可靠性的审查和处罚力度。同时还可以利用数据信息网络将国内外的金融机构信息和金融业务信息进行传输和整合，使国际金融市场中各个从事金融操作的机构部门和业务人员都可以得到实时的信息支持，以便做出及时正确的判断。

金融监管是金融体系的重要组成部分，为了真正实现金融监管的目标，完成其社会责任，需要引入公众监督制度，以避免道德风险和委托代理风险。金融风险有时候是比较隐蔽的，而且有些金融行为只有在一些特定的条件下或环境中才会真正造成损失，金融业务总是存在风险的，没有真正零风险的金融行为，即使可以在一定程度上消除非系统性风险，也仍然存在着系统性风险。所以监管机构有时候并没有立即意识到某些金融行为的危害性，待到意识到的时候为时已晚，造成损失了。也有监管部门和被监管部门由于长期的工作关系可能已经建立了比较稳固的"内部关系"，监管部门和被监管部门形成了"利益共同体"，导致监管部门并不完全会维护投资人的利益，甚至以损害投资人的利益为代价来获取自己的利益，这就是在金融监管行为中有可能会出现的道德风险和委托代理风险，因此有必要引入公开透明的公众监督制度，形成兼顾安全与效率的金融生态环境来规避这种风险的发生。有句老话说得好：群众的眼睛是雪亮的。投资人在金融领域是一个比较被动的存在，金融业本身就是一个带有天然垄断性的行业，存在"店大欺客"或"太大而不能倒"（too big to fail）的问题，导致投资人和被监管金融机构存在着信息不对称的问题，投资人的权益常常会被忽略甚或被侵害。通过建立公众监督制度，建立一个公平、公正、公开的金融环境，让"群众"当家作主，具有话语权，让投资人和监管机构的权益相统一，投资人为了维护自身权益也势必竭尽所能，可以有效避免各类风险损失的发生，提高金融监管的效率。

7.1.5　提高监管人员综合素质，加强金融监管人力资源建设

通常来说，监管机构监管人员的素质决定了监管的能力和水平，因此提高监管人员的综合素质，增加高水平高素质的监管人员的数量是提高金融监管效率的最佳途径。首先，监管机构管理层应重视对监管人员的综合素质培养。中国当前发展极为迅速，金融市

场也越来越开放，2021年我国资本市场也向外资开放，外资和我国国内资本具有同进出我国资本市场的权利，不再受份额数额的限制，我国金融市场会进一步承受来自各方资本力量的冲击，新的金融技术、新的监管方式以及新的政治经济金融信息的综合运用都对监管人员的能力、水平、综合素质提出了更高的要求。其次，对已有监管人员的专业能力进行再培训。就金融监管人员而言，在他们进入金融监管行业之初就已经经过严格筛选，具备基本的业务能力，但我国金融业发展太快，近年来出现了诸如互联网金融、金融科技、绿色金融、普惠金融、新型金融理财产品等多种创新形式，对金融监管人员的业务能力和水平提出了新的、更高的要求，而相对来说最简便的方法就是对已有的工作人员进一步进行业务能力培训和提高。而且这种拔高性质的培训在培训内容、培训方法、培训体系上都有较高的要求，这样才能适应新形势下对金融监管工作提出的新要求。最后，加强对金融监管人员的人力资源管理，形成较为完善、规范的金融监管业务人员的招聘、任用以及升迁机制。金融监管是一国金融机构的"把关人"，要求金融监管的业务人员有清醒的政治认识，深刻了解金融监管工作在国家经济金融战略中的重要作用。同时，金融监管又是一项专业性很强的金融工作，其工作内容既涉及具体的金融业务，又涉及金融管理、法律、审计、金融企业会计等多方面的问题，对监管人员的专业素养要求也较高。既具备政治素养又具备专业能力的人才本身就是很难得的资源，金融监管工作有了这样的人才助力才能够如虎添翼、事半功倍。因此，如何设立相应待遇和优越条件来吸引并留住这些专业人才是需要较为全面的考量的。在具体实施的时候，除了在社会上或高校毕业生中招聘职员以外，也可以适当考虑从金融机构，比如银行、保险、证券公司等部门筛选优秀的工作人员上调到金融监管部门，从事和其原来业务领域相对口的监管工作。金融监管工作最终其实是金融人才的竞争，足够数量的、一流的金融人才会造就一流的金融监管水平，达到一流的监管效率。

7.1.6 监管机构的价值取向要适应新建立的金融生态环境

"生态环境"这个词本身是生物学的专业用语，将这个词应用于金融学主要是指金融领域就好像一个生态环境一样，按照仿生学原理来建立金融领域的生存发展模式。广义上而言，金融生态环境是指与金融业的生存发展有密切关联的自然与社会因素的宏观环境，这些因素包括政治、经济、军事、自然环境、地理、人文等诸多方面，主要是指金融业生存发展的外部环境和基础条件。狭义上而言，金融生态环境是指包含行政体制、法律制度、信用状况、企业财务会计标准、中介服务体系等的微观层面的金融环境。

受疫情等因素的影响，我国近几年虽然经济发展放缓，但金融环境仍然是经济建设尤其是企业发展中的重点关注问题。然而，我国当前的金融生态环境对企业来说并不完善或友好，存在着以下问题：一是金融机构缺乏自主经营权和抗风险能力，信贷发放权力受限。由于历史因素，我国金融机构的债务很大一部分是因为执行国家政策形成的。因为我国的商业银行历来肩负着执行国家政策的政治任务，尤其在中华人民共和国成立后经济发展初期，商业银行并不是以盈利为主要经营目标，国家采取扩张性经济政策时也并没有过多考虑信贷的回收，因此造成商业银行等金融机构的巨额负债。二是我国法律体系对于金融犯罪处罚较轻，导致金融违规行为屡禁不止。三是金融信用体系的不完善导致我国金融生态环境缺少生存的土壤。就监管主体的监管目标而言，维护金融系统安全稳定的宏观目标是所有国家金融监管机构的共识，宏观目标虽看似稳定并没有太大变化，但实际上外围的金融生态环境已经发生了翻天覆地的变化。伴随互联网和金融科技的快速发展，世界各大金融市场已经融为一体，形成24小时不间断的交易，相互之间的影响和依赖程度越来越高，这种情况下区域性的金融风险几乎可以在全世界范围内无障碍地传递。所以在这样的新金融生态环境下，还要达到原有的监管目标已经有了进一步更高的要求，金融监管任务仍然十分艰巨。同时，在保障金融安全的基础上，监管效率也是需要考虑的重要内容。以较低的监管成本或以较低资源消耗取得较高水平的监管效果是任何监管所希望见到的成果。安全与效率之间对立统一的辩证关系在金融监管问题上体现得尤为明显，金融安全是金融效率的前提、基础与保障，而金融效率是金融安全的延伸与升华。因此，金融监管机构需要适应新的金融生态环境，建议采取以下措施：一是加速金融业的产权改革，促进金融机构产权明晰化，减少政府部门对金融机构的行政干预，实现真正意义上的"金融产权"。二是熟练运用金融科技和信息技术，整合共享信息资源，建设基础信用体系，降低企业融资成本，建立良性金融生态环境的基础。三是建立健全金融法律法规，约束过度创新，使金融监管有法可依、有法可守。在金融生态环境中法律环境是其他环境因素的基础和保障，是实施金融监管的法律依据。综上所述，建立公开透明的金融生态环境是开拓金融业务、降低融资成本、提升金融监管效率的有效途径。

7.1.7　建立激励机制，促进金融监管良性发展

金融机构的评级是金融监管的重要组成环节，是金融监管机构

对金融机构所涉风险的外在表现和内在控制能力的评估与判断。这种来自监管机构对金融机构的评级，既不同于金融机构对自身的风险控制能力的评估，也不同于其他中介机构对金融机构的评价，它是专门针对金融机构经营状况和风险级别与控制能力的科学、系统、专业的评价，主要目的是防范金融风险，保证金融机构的安全与效率。我国对金融机构的评级制度的发展相较于其他西方国家来说略晚，因此我国金融机构评级制度是基于国际上通行的 CAMELS 评级法，结合我国金融机构和金融监管机构的实际情况设计的具有中国特色的"CAMELS +"评级体系。这个金融评级体系主要是针对金融机构的资本充足水平、安全性、流动性、盈利性、资产质量和风险状况等要素进行评级，并按照各要素所占权重进行加权汇总，得出综合评分，并根据评分对金融机构各要素进行调整，以保证将风险控制在可接受的范围内，便于金融监管机构切实掌握金融机构的实际情况，合理配置有的金融资源，高效率地进行分类监管。建立有差别的激励性质的存款保险制度，既能保护存款者的权益，也能够抑制金融机构道德风险，保证金融系统的安全与稳定。

引入差别性的激励性监管收费机制。目前金融监管费用主要有两种形式：一种是机构监管费，是对商业银行、城市和农村就信用社、金融公司、证券公司等金融机构进行监管时收取的费用，其监管收费是依据上年末的实收资本的一定比例收取，具体的计算方法是：机构监管费 = 上年末实收资本 × 0.05% × 风险调整系数，其中的风险调整系数是根据被监管金融机构的监管评级所确定的，评级为一级的，风险调整系数为 0.85，二级为 0.92，三级为 1，四级为 1.08，五级为 1.15。另一种是业务监管费，是对被监管金融机构的具体金融业务进行监管时的收费，是对上年末资产总额减去实收资本后的部分，按一定比例分档计算，并考虑风险因素计算得出。其体计算方法为：业务监管费＝（上年末资产总额－上年末实收资本）×分档费率×风险调整系数－境外分支机构在所在国家缴纳的监管费。从计费方式可以看出，这种计费方法对资本规模较大的金融机构收费较多，对金融风险级别较高的金融机构收费较多，具有一定的不公平性，因此建议在原来的计费方式的基础上再加入反映资本充足率、不良贷款率、风险管理水平、违规记录等情况的因素，用更加灵活的激励机制替代原来僵化的费用计提方式，有利于金融机构更加高效率、低成本、高收益运营。这种激励性的金融监管制度的特点就是同时将监管制度合理化改造，使金融监管各方的利益达成一致，也就是使国家、金融监管机构、被监管金融机构以及投资者的利益取得一致，达成相同或至少部分一致的监管目标，降低金融风险和监管成本，实现社会整体福利的最大化。根据激励性规制理论，激励性金融监管不仅从监管目标出发来制定监管政策，而且引入优胜劣汰的市场化经营理念，强调金融市场的微观基础，在能保障金融体系正常运营的基础上，将影响金融监管机构和被监管机构的目标因素结合在一个目标函数中，用目标函数一致性来消除金融监管机构和被监管机构之间信息不对称造成的信息租金成本，建立激励性监管的约束机制，以高效率地达成监管目标。

7.1.8 建立退出机制，保证金融监管有效实施

在金融领域，金融机构尤其是银行通常是不允许轻易倒闭的，其理论依据主要是羊群效应和理性预期。羊群效应，也称为"从众效应"，是指个人的行为或想法受到群体行为或思想的影响。在此处是指单个储户的思想或个人行为会影响到社会大众的思想或群体行为，比如如果一个或几个客户同时向一家银行提款时，其他客户

也可能做同样的事情，从而导致挤兑。理性预期是指客户有可能根据已有信息做出对自身有利的决定，比如上例中，如果看到其他客户提现，根据理性预期，为了保护自身的权益不受损失，也会跟风提现，造成挤兑，进而由一家银行传染到整个金融业，因此我国金融机构是不允许轻易倒闭的。但是当某家金融机构确实遇到了问题，如果坚持不倒闭的话，最后承担破产倒闭成本的必然是没有任何信息来源的普通投资者。基于此，世界上其他国家已经在金融市场化的基础上建立正常的金融机构退出机制，尤其对于金融风险承担能力较弱的中小型金融机构来说，允许其正常退出是良性监管机制的重要部分，既完善了金融监管的基础程序，保障了储户或投资人的基本权益，也建立了合理的、有退有进的金融竞争秩序。金融市场化在此处是指在金融监管中确立政府职能的同时，引入市场化的优胜劣汰的竞争机制，扶优限劣，及时清退各种原因导致的经营不善、违法违规经营及破产退市的金融机构，避免风险的累加导致整个金融系统的不稳定。同时退出机制的建立对监管机构的能力也有一定要求，要求监管机构能够在金融危机发生前提前辨别和鉴定出经营恶化到应该采取破产倒闭措施的金融机构，将其被迫破产变为在制度允许的范围内进行整改重组，使金融风险在可以接受的范围内释放，不会引起大规模的金融危机，从而提升金融监管效率。

7.1.9　加强金融监管的国际合作

就单个国家而言，提高金融监管效率需要考量的因素基本都包含在本模型中，但是在世界范围内，仍可以通过国际间的金融监管合作来提高金融监管的效率。伴随着互联网金融和金融科技的快速发展，金融市场基本上已经消除了地域空间的限制，也基本形成了

24 小时不间断交易的全球范围的金融市场，突破了时间限制。一旦发生金融风险，就会在全球范围内迅速蔓延。因此加强全球范围的金融监管合作对世界各国防范金融风险、提高金融监管效率来说都是一项有利的政策措施。首先，在信息披露环节应加强国际合作。当前的金融市场已经突破了时间和空间上的限制，金融风险会在全球范围内迅速蔓延，在全球范围内实现信息共享是一个必然的趋势，因此在世界范围内建立严密的信息共享系统，各国金融监管部门相互提供可靠的金融信息和数据以便于制定合适的金融政策来控制金融风险、提高监管效率。同时，建立完善的国际金融数据信息系统，制定合理的国际金融统计制度，为各国的金融监管机构提供一个公开透明的信息平台，随时交换各自金融信息，保障世界范围内的金融监管顺利进行。其次，在多层次、多领域加深与国外金融监管机构的合作。跨国界的金融监管毕竟会面临很多的问题与困难，也会出现国内金融监管中出现的问题，比如重复监管和监管真空问题。前者是对同一问题多方监管机构都实施监管，造成监管成本在多个国家的轮涨，造成没有必要的资源浪费；后者是多方监管机构都认为其他监管机构会处理某问题，结果是没有任何一家监管机构对该问题或该领域进行监管，形成监管上的真空地带，这种情况在国际金融监管缺乏适当协调和沟通的情况下发生的可能性最大。当前金融发展非常迅速，建立适合当前发展态势的金融监管体系是金融良性、高效发展的前提和保障，也是金融健康发展的标志。

除了监管体制架构不断优化，近年来，金融管理部门积极借鉴国际监管经验和标准，初步建立了市场化的风险处置机制和符合中国国情的金融安全网。其中，2005 年成立证券投资者保护基金，2007 年成立期货投资者保障基金，2008 年成立保险保障基金，2014 年成立信托业保障基金，2015 年建立了存款保险制度，并已经在风险处置中发挥了重要作用。

7.2

未 来 展 望

从本书的研究可以看出，我国当前的金融监管模式仍有进一步改进和上升的空间。如本书第 3 章所述，我国当前的金融监管模式和双峰监管模式非常相似，因此可以借鉴其他国家和地区双峰监管的经验。结合我国当前的金融监管发展现状，笔者认为可以从以下四个方面继续改进。

7.2.1　坚持中央统筹管理、地方配合行动的监管理念

在金融监管实践中，牵头人一直是金融监管活动中往往不会提及却又最为重要的一个角色。任何金融监管协调活动都需要有一个牵头人，这个牵头人要么是有较高的行政级别，要么是整个监管活动的核心部门。在我国的监管实践中，要坚持由中央牵头协调统筹管理，地方部门积极配合行动的监管理念，避免出现监管真空和重复监管的问题，同时节约监管协调成本，提升监管效率。确定牵头人的角色，确定中央的领导作用才能在金融监管活动中将真正意义上的审慎监管的监管理念落到实处，在监管实践中形成不推诿、多协调、高效率的监管格局。

7.2.2　设计协调机制，做好深度全面沟通工作

在当前金融监管模式下，中国人民银行负责审慎监管，银保监

会和证监会负责行为监管，也建立了金融稳定与发展委员会来促进监管机构之间的协调与沟通，但是伴随金融创新的进一步发展，金融监管机构之间的协调合作需要更深程度的沟通。以往其他国家双峰监管模式比较成功的案例中都是有贯彻得很到位的沟通协调机制来辅助双峰监管模式的实行。我国要成功地建立并实施双峰金融监管模式，那么一定需要设计出一整套完善、灵活、全面的沟通协调机制才能节约监管成本，避免监管真空和重复监管，提升监管效率，在监管中起到重要的辅助作用。

7.2.3 建立金融消费者委员会，切实保障金融消费者权益

根据泰勒的双峰理论，为了更好地实现双峰监管的监管目标，提高监管效率，在有效防范风险又不会抑制金融创新和发展的基础上，充分发挥专门的保障存款人和金融消费者权益的金融消费者委员会的积极作用。虽然我国已经建立了存款保险基金来保障金融风险发生时存款人的权益，但是随着金融创新水平的进一步提升，这种程度的保障是远远不够的，因此应该在银保监会的监管下在合适的时机尽快建立起完善的金融消费者委员会机制，切实为维护金融消费者权益提供组织保障，真正防范金融风险，保障金融安全，提振金融消费者信心，提高监管效率。

7.2.4 适应金融创新，建立金融科技监管体系

2021年10月9日，时任中国人民银行行长易纲在国际清算银行（BIS）监管大型科技公司国际会议上指出，面对复杂多变的金

融创新格局，中国金融监管已经开启了新的监管模式——金融科技监管体系。从 2009 年的尝试到 2021 年的初见成效，历时 3 年，已经有 16 个省份参与创新试点建设，并已有近 120 个项目落地，发展非常迅速，各方面参与的积极性非常高。同时易行长也提出了新的监管形势下需要注意的问题：坚持发展数字经济，走民营经济路线，严格互联网金融监管；坚持金融业正规化持牌经营；建立金融风险防火墙，预防并阻断金融风险的产生与蔓延；严格监控金融信息，保护金融消费者隐私权。新的监管体系、新的监管格局的形成对防范新型金融风险、提升金融监管效率都起到了重要作用。

参 考 文 献

［1］巴塞尔银行监管委员会. 巴塞尔银行监管委员会文献汇编［M］. 北京：中国金融出版社，2002.

［2］巴曙松. 巴塞尔新资本协议研究［M］. 北京：中国金融出版社，2003.

［3］保罗·克鲁格曼. 萧条经济学的回归［M］. 北京：中国人民大学出版社，1999.

［4］陈建华. 金融监管有效性研究［M］. 北京：中国金融出版社，2002.

［5］陈建华. 中国金融监管模式选择［M］. 北京：中国金融出版社，2000：4－14.

［6］蒂米奇·维塔斯. 金融规管——变化中的游戏规则［M］. 上海：上海财经大学出版社，2000.

［7］M. 杜瓦特里庞特，J. 蒂罗尔. 审慎的银行管理［M］. 剑桥：麻省理工学院出版社，1993.

［8］戈德史密斯. 金融结构与金融发展［M］. 上海：上海三联书店，1969.

［9］胡滨. 金融监管蓝皮书：中国金融监管报告（2021）［M］. 北京：社会科学文献出版社，2021.

［10］江其务. 中国金融监管实证分析［M］. 北京：社会科学

文献出版社，2001.

　［11］李洁. 银行制度创新与全能银行发展［M］. 北京：中国人民大学出版社，2002.

　［12］李早航. 现代金融监管［M］. 北京：中国金融出版社，1999：183 – 185.

　［13］林春. 中国政策性金融机构绩效评价体系研究［M］. 北京：经济科学出版社，2021.

　［14］刘宇飞. 国际金融监管的新发展［M］. 北京：经济科学出版社，1999.

　［15］卢现祥. 西方新制度经济学［M］. 北京：中国发展出版社，1996.

　［16］孟龙. 市场经济国家金融监管比较［M］. 北京：中国金融出版社，1995.

　［17］乔治·J. 施蒂格勒. 产业组织和政府管制［M］. 上海：上海三联书店出版，1989.

　［18］秦婉顺，厉以宁. 教育投资决策研究［M］. 北京：北京大学出版社，1992.

　［19］青木昌彦，金滢基，奥野 – 藤原正宽. 政府在东亚经济发展中的作用——比较制度分析［M］. 北京：中国经济出版社，1998.

　［20］思拉恩·埃格特森. 新制度经济学［M］. 北京：商务印书馆，1996.

　［21］托马斯·F. 卡吉尔，吉里安·G. 加西亚. 八十年代的金融改革［M］. 北京：中国金融出版社，1989.

　［22］托马斯·赫尔曼，凯文·穆多克，约瑟夫·斯蒂格利茨. 金融约束：一个新的分析框架［M］//青木昌彦，等. 政府在东亚经

济发展中的作用．北京：中国经济出版社，1998.

　　［23］谢平，蔡浩仪．金融经营模式及监管体制研究［M］．北京：中国金融出版社，2003.

　　［24］徐力．中央银行的监管：永无止境的课题——英格兰银行近年加强监管的回顾［M］.1997.

　　［25］杨有振，侯西鸿，等．金融开放—创新与监管［M］．北京：中国金融出版社，2002.

　　［26］余龙武，郭田勇．中国银行业的综合经营与监管［M］．北京：中国商业出版社，2002.

　　［27］赵霜茁．现代金融监管［M］．北京：对外经济贸易大学出版社，2004.

　　［28］周道许．金融监管原理与实务［M］．北京：中国言实出版社，2002.

　　［29］周道许．现代金融监管体制研究［M］．北京：中国金融出版社，2000.

　　［30］朱孟楠．金融监管的国际协调与合作［M］．北京：中国金融出版社，2003.

　　［31］陈波，李昊匡．我国金融监管"双峰"模式框架再造研究［J］．金融监管，2018（10）：53－59.

　　［32］陈菲，姜旭朝．中国银行监管效率改进趋势研究［J］．中南财经政法大学学报，2009（1）：73－77，143.

　　［33］陈建华，唐立波．浅析我国银行内部评级体系的建立［J］．金融研究，2002（9）：88－93.

　　［34］陈健，王忠会．监管模式转变的关键一步［J］．中国商业保险，2003（3）：16－18.

　　［35］陈平花，陈少晖．企业自主创新的税收优惠政策激励效

应评估——基于模糊层次分析法的实证分析 [J]. 经济研究参考，
2019 (23)：85 - 96.

[36] 程吉生. 银行监管效率理念的嬗变与启示——兼评巴塞
尔新资本协议 [J]. 财贸研究，2003 (3)：33 - 42.

[37] 傅德伟. 监管制度变迁对深圳证券市场效率的影响 [J].
证券市场导报，2005 (8)：18 - 21.

[38] 邹莹. 地方金融机构风险与监管研究——以辽宁省为例
[J]. 唐都学刊，2019，35 (3)：109 - 112.

[39] 龚秀国. 尊重国际规范共识　提升资本市场效率 [J]. 青
岛行政学院学报，2021 (1)：5 - 10.

[40] 郭冬梅，王殿武. 基于模糊层次分析法 S 康养集团公司
的安全管理风险评估 [J]. 中国水运 (下半月)，2020，20 (11)：
40 - 42.

[41] 郭根龙，冯宗宪. 金融监管的信息经济学分析 [J]. 山西
大学学报 (哲学社会科学版)，1999 (2)：16 - 19.

[42] 国际金融研究处. 金融监管模式与评析 [J]. 中国货币市
场，2002 (5)：21 - 22.

[43] 韩启昊. 基于模糊层次分析法的河南省农产品冷链物流
综合评价 [J]. 现代食品，2020 (17)：19 - 21，31.

[44] 何德旭. 金融监管—世界趋势与中国的选择 [J]. 管理世
界，2003 (9)：5 - 6.

[45] 何佳玲，王静，谢萍. 乡村振兴背景下云南农地"三权分
置"可持续发展评价及对策 [J]. 农业展望，2020，16 (9)：27 -
33.

[46] 赫国胜，耿丽平. 智力资本对上市商业银行绩效的影
响——基于 VAIC 测算方法的实证研究 [J]. 金融论坛，2020，25

（3）：29 – 37.

[47] 赫国胜，耿哲臣，蒲红霞．数字普惠金融对私营企业及个体就业的影响 [J]．财经论丛，2021 (5)：49 – 58.

[48] 赫国胜，刘艺婷．业务轻型化对商业银行绩效的影响 [J]．沈阳师范大学学报（自然科学版），2020，38 (6)：518 – 524.

[49] 赫国胜，马妍妮．非利息收入与商业银行经营效率测度 [J]．统计与决策，2020，36 (8)：137 – 141.

[50] 赫国胜，马妍妮．审慎监管对我国商业银行经营效率的影响——基于全要素生产率的视角 [J]．财经科学，2020 (5)：16 – 29.

[51] 赫国胜，燕佳妮．财政分权下金融支持实体经济发展效率及区域差异研究——基于省际面板数据的实证分析当代经济管理 [J]．2020，42 (3)：78 – 89.

[52] 赫国胜，燕佳妮．金融发展、政策激励与实体经济增长——基于空间面板数据的实证分析 [J]．河北经贸大学学报，2020，41 (5)：18 – 27.

[53] 赫国胜，郑雪．我国商业银行经营投资银行业务对风险影响的实证研究 [J]．金融发展研究，2020 (4)：26 – 35.

[54] 华桂宏，成春林．对我国金融混业趋势与现行分业监管的思考 [J]．财经科学，2004 (1)：13.

[55] 江曙霞，郑亚伍．金融监管治理的激励机制研究 [J]．厦门大学学报（哲学社会科学版），2012 (3)：50 – 56.

[56] 蒋海，刘少波．信息结构与金融监管激励：理论与政策含义 [J]．财经研究，2004 (7)：26 – 34.

[57] 蒋海，刘少波．信息结构与金融监管激励：一个理论分

析框架 [J]. 南开经济研究, 2004 (3): 75 - 79.

[58] 李成, 马国校, 李佳. 基于进化博弈论对我国金融监管协调机制的解读 [J]. 金融研究, 2009 (5): 186 - 193.

[59] 李明扬. 不对称信息下中央银行监管行为分析 [J]. 统计与决策, 2006 (9): 32 - 33.

[60] 李念斋, 万喜乔. 中央银行金融监管绩效分析 [J]. 银行与企业, 1999 (1): 10 - 14.

[61] 李雅珍, 郭斌. 商业银行资本充足性管制的有效性 [J]. 财贸经济, 2001 (8): 30 - 33.

[62] 李云. 基于 F - AHP 评价法的 PPP 项目风险评价研究 [J]. 湖南文理学院学报 (自然科学版), 2020, 32 (4): 69 - 74.

[63] 李宗怡, 冀勇鹏. 我国是否应该引入资本充足性管制制度 [J]. 财经科学, 2003 (2): 51 - 57.

[64] 练建军, 陈波, 盛广宏, 等. 基于模糊层次分析的环保设备专业人才培养质量评价 [J]. 安徽工业大学学报 (社会科学版), 2020 (6): 66 - 67, 89.

[65] 梁栋, 朱兴贝, 邬岚. 基于模糊层次分析法的高铁货运物流方式选择 [J]. 森林工程, 2021 (1): 117 - 121.

[66] 梁田. 基于模糊层次分析法的公路造价风险评价研究 [J]. 工程技术研究同, 2021, 6 (1): 23 - 24, 91.

[67] 刘敏, 杨盛兰. 银行监管的有效性研究: 基于成本—收益的视角 [J]. 财会研究, 2010 (12): 40 - 43.

[68] 刘晓星, 何建敏. 对我国金融监管运行机制的博弈分析 [J]. 数理统计与管理, 2004 (6): 35 - 38.

[69] 刘有鹏, 晏宗新, 周闽军. 中国银行业管制效率: 评价原则与检验 [J]. 财贸研究, 2005 (5): 49 - 55.

[70] 陆磊.信息结构、利益集团与公共政策:当前金融监管制度选择中的理论问题[J].经济研究,2000(12):3-10,75-76.

[71] 马骏,刘嘉龙,徐稼轩.英国在监管科技领域的探索及对中国的启示[J].清华金融评论,2019(5):37-39.

[72] 马玉娟,马玉铭.我国金融监管模式的趋势探讨[J].金融证券,2004(1):24-26.

[73] 孟艳.我国银行监管成本的量化研究[J].审计研究,2007(4):85-89,96.

[74] 倪筱楠,黄贤.基于模糊综合评价的国家审计治理能力研究[J].财会通讯,2015(1):98-100.

[75] 宁铁娜.京津冀区域物流配送体系绿色度评价指标研究[J].物流工程与管理,2020(10):70-75.

[76] QFII挑战金融监管体系[J].国际金融报,2003-10-10.

[77] 钱小安.建立中国统一的金融监管体制的构想[J].财经科学,2002(1):18-19.

[78] 饶育蕾,王颖.信息结构、金融监管与金融机构行为——基于委托代理的博弈分析[J].云南财经大学学报,2011,27(6):84-88.

[79] 时玉生.银行业金融风险防范对策研究[J].金融监管,2005(7):11-13.

[80] 水静.甘肃省中小物流企业联盟伙伴选择策略研究[J].2020,43(9):33-37.

[81] 宋加山,沈佳.基于AHP方法的四川省金融绩效评价研究[J].西南金融,2010(6):27-29.

［82］苏丹丹，岑伟慎．基于模糊层次分析法的物流配送模式选择研究［J］．大众科技，2020（9）：139－142．

［83］谭彦璇．基于模糊层次分析法的支持小微企业金融政策的综合评价［J］．时代金融，2014（3）中旬刊：287，293．

［84］唐宝杰，李强．我国基层产业扶贫措施效果评价研究——以凤阳县为例［J］．黑龙江工业学院学报（综合版），2020（10）：88－95．

［85］唐立芳，周洁．我国银行监管成本的实证分析［J］．改革与战略，2007（8）：68－70．

［86］王兵，胡炳志．论有效金融监管［J］．经济评论，2003（12）：16－18．

［87］王琮．中国金融监管模式的现状及发展［J］．西部皮革，2018，40（6）：100－101．

［88］王定元．资本市场投资行为监管的博弈分析［J］．中南财经大学学报，2001（3）：71－75，127．

［89］王冬屏．农村电子商务产业集群影响因素的层次分析［J］．商业经济研究，2020（17）：128－131．

［90］王飞．银行监管合规成本的测度方法研究［J］．上海金融，2008（10）：43－46．

［91］王君．金融监管机构设置问题的研究［J］．经济社会体制比较，2001（3）：5－6．

［92］王明国．金融发展和金融效率理论综述［J］．生产力研究，2009（15）：194－196．

［93］王振富，冯涛．对我国金融监管的博弈分析及立法建议［J］．西安交通大学学报（社会科学版），1999（4）：25－28．

［94］王中华，张彦．金融监管体制与效率分析［J］．现代管理

科学，2003（2）：73-74.

　　［95］吴世农.我国证券市场效率的分析［J］.经济研究，1996
（4）：13-19，48.

　　［96］吴素萍，徐卫宇.功能性金融监管的理论与框架［J］.经济导刊，1999（6）：13-18.

　　［97］吴桐，徐荣贞.金融危机下金融创新与监管的演化博弈分析［J］.统计与决策，2010（18）：74-76.

　　［98］吴晓灵.金融混业经营与监管现实［J］.金融与保险，2004（5）：54.

　　［99］项卫星，李宏瑾.当前各国金融监管体制安排及其变革（一）［J］.世界经济，2004（9）：12-13.

　　［100］项卫星，李宏瑾，马秋华.银行监管职能从中央银行分离：一个值得注意的趋势［J］.世界经济，2001（11）：22-23.

　　［101］谢平，陆磊.利益共同体的胁迫与共谋行为：论金融监管腐败的一般特征与部门特征［J］.金融研究，2003（7）：1-15.

　　［102］辛涛.金融混业对我国金融监管体制的挑战及对策分析［J］.中国金融家，2003（10）：16-17.

　　［103］徐进前.国外金融监管创新经验及其借鉴［J］.金融时报，2003-05-19.

　　［104］阎庆民.中国银行业监管效率分析［J］.金融研究，2002（8）：75-81.

　　［105］余元全.国际银行资本充足性管制有效性探析——兼评《巴塞尔协议》的资本充足率标准［J］.华东经济管理，2003（2）：110-113.

　　［106］虞群娥.论全球金融监管模式变革与我国监管模式的选择［J］.财贸经济，2002（2）：15-16.

[107] 张仲谦，叶民强. 金融监管的动态博弈分析 [J]. 经济论坛，2007（20）：125 - 126.

[108] 郑振龙，张雯. 金融监管的制度结构研究 [J]. 世界经济，2001（12）：9 - 11.

[109] 郑征. 如何科学评估新三板企业实物期权价值——基于期权定价理论与模糊层次分析模型 [J]. 金融监管研究，2020（11）：83 - 99.

[110] 中国银行伦敦分行. 现代金融混业监管的最新模式 [J]. 国际金融研究，2002（1）：15 - 17.

[111] 周皓，沙楠. 金融创新、系统性风险防范及金融监管模式的演变 [J]. 中国经济报告，2021（3）：79 - 84.

[112] 庄海波. 论资本充足率监管的经济学使命 [J]. 上海金融，2003（8）：27 - 29.

[113] 宋焱. 金融监管：从分业监管到功能监管 [N]. 金融时报，2005 - 09 - 26.

[114] 张承惠，张丽平. 美国银行监管以及对我国的借鉴意义 [N]. 金融时报，2001 - 12 - 24.

[115] 常阿丽. 银行监管效率研究 [D]. 长春：东北师范大学，2005.

[116] 黄蓓. 改革背景下我国政策性银行法律制度研究 [D]. 上海：华东政法大学，2018.

[117] 李尚远. 我国互联网金融风险评估及防范对策研究 [D]. 长沙：长沙理工大学，2019.

[118] 梁媛. 混业经营的国际趋势与中国银行体制的选择 [D]. 北京：对外经济贸易大学，2003.

[119] 鲁明易. 美国《金融服务现代化法》效应研究 [D]. 南

京：南京师范大学，2006.

［120］罗春华.开放经济条件下我国银行监管效率的研究［D］.长沙：湖南师范大学，2004.

［121］宋陆军，白钦先.新金融观研究［D］.沈阳：辽宁大学，2014.

［122］苏宁.商业银行监管效率与法律重构［D］.北京：中国政法大学，2004.

［123］王立峰.我国金融监管框架优化路径研究［D］.北京：中共中央党校，2018.

［124］王棋.中国商业银行监管效率实证研究——基于目标完成程度的评价方法［D］.广州：暨南大学，2012.

［125］王晓春.银行监管的制度分析与效率研究［D］.济南：山东大学，2007.

［126］朱莉敏.国家审计促进地方金融监管效能提升的路径研究——以 G 省现货交易金融审计为例［D］.南京：南京审计大学，2018.

［127］银监会统一商业银行监管评级［EB/OL］.（2006 - 01 - 12）.http//：www.cbirc.gov.cn/cn/view/pages/ItemDetail.html？docld = 171&itemld = 915&generaltype = 0.

［128］Goodhart，P. Hartman，D. Llewellyn，et al. Financial Regulation Why How and Where Now［M］. London Routledge：1998.

［129］Jeremy Edtvards，Klaus Fisher. Banks，Finance and Investment in Germany［M］. Cambridge：Cambridge University Press，1994.

［130］John H. Boyd，Stanley L. Graham. Consolidation in U. S. Banking：Implications for Efficiency and Risk［M］//Amihud，Miller. Bank Mergers & Acquisitions. Boston：Kluwer Academic Publisher，2003.

[131] John Maynard Keynes. The Gerneral Theory of Employment, Interest and Money [M]. London: Macmillan for the Royal Economic society, 1936: 167 – 225.

[132] Michele Bagella. Finance, Investment and Innovation [M]. Aldershot Hampshire: Ashgate Publishing Ltd, 1997: 59 – 125.

[133] Minsky Hyman. The Financial Instability Hypothesis: Capitalist Process and the Behavior of the Economy [M]//Charles P., Kindlberger, Jean – Pierre Laffargue. Financial Crisis: Theory, History and Policy. New York: Cambridge University Press, 1982.

[134] Saunders, Anthony, Ingo Walter. Universal Banking in the United State [M]. Oxford: Oxford University Press, 1998: 157 – 158.

[135] Asli Demirgiic – Kunt, Enrica Detragiache. Basel Core Principles and Bank Risks: Does Compliance Matter? [R]. IMF Working Paper, 2010.

[136] Berger, Allen, William, Hunter, Stephen J. Time. The Efficiency of Financial Institutions: A Review of Research Past [J]. Journal of Banking and Finance, 2003, 21 – 22.

[137] Blanchard, O, G Dell'Ariccia, P Mauro. Rethinking Macroeconomic Policy [J]. Journal of Money, Credit and Banking, 2010, 42 (S1).

[138] Fergus, R. Alternative Approaches to Financial Supervision and Regulation [J]. Journal of Financial Services Research, 2000, 17 (1).

[139] Foot. Risk Assessment [J]. Journal of Financial Regulation and Compliance, 1999, 7 (1): 6 – 10.

[140] Godwin A. et al. Twin Peaks and Financial Regulation: The

Challenges of Increasing Regulatory Overlap and Expanding Responsibilities [J]. The International Lawyer, 2016, 49 (3): 273 – 297.

[141] Goodhart, Charles A. E. The Organizational Structure of Banking Supervision [J]. Economic Notes, 2002.

[142] Herring, Richard J. , Santomero, Anthony M. , The Role of the Financial Sector in Economic Performance (July 1995) [J]. https: //ssrn. com/abstract = 7647, 95 – 08.

[143] Melecky, M, Podpiera A M. Institutional Structure of Financial Sector Supervision, Their Drivers and Historical Benchmarks [J]. Journal of Financial Stability, 2013, 9 (3): 428 – 444.

[144] Norgren. Single Regulator, Challenges and Opportunities: FSA Conference Paper [J]. London, 1998.

[145] Paul Tucker, Simon Hall, Aashish Pattani. Macroprudential Policy at the Bank of England [J]. Bank of England Quarterly, 2013, 53 (3): 192 – 200.

[146] Robert Merton. A Functional Perspective of Financial Intermediation [J]. Financial Management, 1995, 24 (2): 23 – 41.

[147] Schmulow A. , et al. Twin Peaks 2. 0: Reforming Australia's Financial Regulatory Regime in Light of Failings Exposed by the Banking Royal Commission [J]. Law and Financial Markets Review, 2018, 12 (4): 193 – 202.

[148] Taylor M. W. The Road from Twin Peaks – And the Way Back [J]. Connecticut Insurance Law Journal, 2009, 16 (1).

[149] Abrarns, Richard, Michael Taylor. Issues in the Unification of Financial Sector Supervision [R]. IMF Working Paper, 2000.

[150] Bath, Caprio Levine. The Regulation and Supervision of

Banks around the World: A New Database [R]. World Bank Policy Research Working Paper No. 2588.

[151] FCA. Regulatory Sandbox [R]: Financial Conduct Authority, 2015.

[152] Financial System Inquiry Committee. Financial System Inquiry Final Report [R]. 2014.

[153] Gabede Bont, Benit Mojon, Notacha Valla. Interest Rate Setting by Universal Banking and the Monetary Policy Transmission Mechanism in Euro Area [R]. European Central Bank, 2002.

[154] G30. The Structure of Financial Supervision: Approaches and Challenges in a Global Marketplace [R]. 2008.

[155] Marco Arnone, Salim M. Darbar, Alessandro Gambini. Banking Supervision: Quality and Governance [R]. IMF Working Paper, 2007.

[156] Masciandaro D., Romelli D., Twin Peaks and Central Banks: Economics, Political Economy and Comparative Analysis [R]. BAFFI CAREFIN Working Papers, 2017: 1 - 23.

[157] Merrouche Ouarda, Erlend W. Nier. What Caused the Global Financial Crisis? Evidence on the Drivers of Financial Imbalances 1999 - 2007 [R]. IMF Working Paper, 2010.

[158] Podpiera, Richard, Does Compliance with Basel Core Principles Bring Any Measurable Benefits? [R]. IMF Working Paper, 2004.

[159] Richard K, Abrams, Michael W. Taylor. Issues in the Unification Financial Sector Supervision [R]. IMF Working Paper, 2000.

[160] Schmulow A. Twin Peaks: A Theoretical Analysis [R]. CIFR Paper No. WP064/2015, 2015.

[161] Sundararajan. V., David Marston, Ritu Basu. Financial System Standards and Financial Stability: The Case of Basel Core Principles [R]. IMF Working Paper, 2001.

[162] Taylor M. W. "Twin Peaks": A Regulatory Structure for the New Century [R]. CSFI Paper, 1995: 1 – 18.

[163] Basle Committee on Banking Supervision. Core Principles for Effective Banking Supervision [Z]. 1997.

[164] Financial Stability Board, Overview of Progress in the Implementation of the G20 Recommendations for Strengthening Financial Stability [Z]. Report of the Financial Stability Board to G20 Leaders, 2014.

后　记

在年近不惑之际，有幸考入辽宁大学，拜入赫国胜教授门下成为一名金融学专业的博士生，开始对金融学专业领域进一步的探索。历经七年的专业学习，求师问道，万分感激老师们对我的帮助与支持，尤其是我的导师赫国胜教授。本书是在我的博士论文基础上修改而成，论文的写作是一个异常艰苦的过程，由于年龄偏大，知识结构滞后于现代金融学知识的专业要求，写作的过程受到赫老师全面的指导，从论文的选题、写作过程中的反复修改到论文终稿的确定，赫老师每个环节都亲力亲为，给予了我莫大的帮助与鼓励。就学以来，赫老师不仅在学业上对我严格要求并给予及时专业的指导，在为人处世上也不时指点，既为我提供了宽松的学习环境，又指导我人生的未来发展，同时对于我的不足之处也不乏严厉的批评。对我来说，赫老师不仅在专业学习上是我的恩师，在生活上更是指点我人生方向的导师。老师广博精深的专业知识、忘我投入的治学精神、诚信周全的为人处世都是我学习的榜样，成为我人生中的巨大财富而受益终生。博士生涯的学习于我而言不仅是专业知识的深入探索，更是人生价值的提升与凝练，感谢我的恩师，谨以此向您表达学生最诚挚的敬意与最由衷的感谢！还有白钦先老师、王伟老师、马树才老师和各位老师们对我博士期间的学习都给予了专业的指导，在此感谢各位老师们对我一路的关心、爱护和鼓励。同时，还要感谢我的领导们在我读博期间对我工作的包容和理解，在职攻读博士学位中的艰辛因为有了你们的支持与鼓励而让我有更多的信心去战胜困难，完成最后的攻关。此外，由于在职读博，在求学的过程中常常不在学校，我受到了师兄、师姐、师弟、师妹的大力支持和帮助，及时的通传、专业信息的共享、记笔记、记作业、一起参加学术会议、共同探讨学术课题、完成科研任务，你们在学术上的深刻见解和在生活上的温馨照顾，现在想来心中也是充满温暖与感激，你们记录也见证了我的成长与磨炼，已经成为我生命中不可或缺的一部分，在长年的共同学习与成长中和同学们结下的深厚友谊弥足珍贵，也必将会持续一生。在这里，我还要感谢我的家人们，你们一路上无条件地支持我所做的任何决定，给予我你们所能给予的所有的爱，特别要感谢我的孩子，你虽然年纪尚小，顽皮又不善言辞，但却默默地做好你所能做的每一件事，无论是学业还是生活，给了我莫大的安慰和支持，让我能够安心于学业，你也是我读博期间最大的精神支柱。

语言难以表达心中万千感慨，总而言之，感谢所有在我求学期间给予我支持、鼓励、帮助的领导、老师、朋友、同学和亲人们，感谢你们的一路陪伴、不离不弃，希望能早日完成学业报效国家，回馈社会，也祝愿我们的祖国日益昌隆，祝愿你们所有人平安顺遂！

郜　莹

2024 年 5 月